中华优秀传统国学阅读经典

百家姓

【北宋】佚名　王俊 编校

中国商业出版社

图书在版编目（CIP）数据

百家姓/王俊编校．－－北京：中国商业出版社，2019.4

ISBN 978-7-5044-9975-2

Ⅰ．①百… Ⅱ．①王… Ⅲ．①古汉语－启蒙读物 Ⅳ．① H194.1

中国版本图书馆 CIP 数据核字 (2019) 第 026158 号

责任编辑：常松

中国商业出版社出版发行

010-63180647　www.c-cbook.com

（100053　北京广安门内报国寺 1 号）

新华书店经销

三河市同力彩印有限公司印刷

*

710 毫米 ×1000 毫米　16 开　20 印张　250 千字

2020 年 1 月第 1 版　2020 年 1 月第 1 次印刷

定价：60.00 元

* * * *

（如有印装质量问题可更换）

前　言

泱泱中华五千载，悠悠国学民族魂。中华国学"为天地立心，为生民立命，为往圣继绝学，为万世开太平"，是中华民族几千年来生生不息的根本，是华夏儿女的文化基因和精神支柱。

中华传统文化经过千百年历史的冲刷洗礼和不断交流、融合以及沉淀，最终形成了求同存异、兼收并蓄、辉煌灿烂的特点，它也是世界上唯一绵延不绝而从没中断的古老文化，并始终充满了生机与活力。

国学就是中国之学、中华之学，是以母语汉语为基础，表达了中华民族的精神价值和处世态度，有利于凝聚中华民族的文化向心力，有利于中华民族大团结，是华夏儿女的生命火炬，我们要世代相传和不断发扬光大。

中华优秀传统文化在思想上有大智，在科学上有大真，在伦理上有大善，在艺术上有大美。在中华民族艰难而辉煌的发展历程中，优秀传统文化薪火相传、历久弥新，始终为国人提供精神支撑和心灵慰藉。所以，更多地从传统优秀国学经典中汲取丰富营养，不仅能充实灵魂，而且能够拥有一种神圣而崇高的家国情怀。

中华传统国学是指以儒学为主体的中华传统文化与学术，内容非常广泛，内涵十分丰富，如蒙学十三经、四书五经等，作为国学中经典之经典，铸就了"国学蒙学之最、中华不可或缺之魂"，凝聚了我国五千年的文明史和传统文化，体现了中华民族博大精深的文化精髓，是经过多少代人实践检验过的文化瑰宝，承载着中华民族伟大复兴的梦想。

中华传统国学中具有极高价值的经典与文章不胜枚举，且不说春秋战国时期的经传宝典，也不说《史记》《资治通鉴》，仅唐诗、宋词、元曲就有许多脍炙人口的佳作,今天我们作为中华儿女对这些精品岂可淡化或视而不见?

中华传统国学经典,蕴含了中华儿女内圣外王的个体修养和自强不息的群体精神,形成了重义轻利的处世态度以及孝亲敬长的人伦约定,包含着辩证理智的心智思维和天人合一的整体观念。

这些国学经典千百年来作为我国传统文化与教育经典,在内容方面包含治国、修身、道德、伦理、哲学、艺术、智慧、天文、地理、历史等丰富的知识;在艺术方面丰富多彩,各有特色,行文流畅,气势磅礴,辞藻华丽,前后连贯。古往今来,无数有识之士从中汲取知识,不仅培养了良好的道德品质,还提升了儒雅、纯美、睿智的气质。

国学经典是广大读者必备的精神食粮。读者阅读国学经典,能够秉承国学仁义精神,养成谦和待人、谨慎待己、勤学好问等优良品行,达到内外兼修与培养刚健人格的学习目的。读者阅读国学经典,就如同师从贤哲,使自己能够站在先辈们的肩膀之上,在高起点上开始人生道路。阅读圣贤之书,与圣贤为伍,是精神获得高尚和超越的最高境界。

如今社会处于转型时期,充斥着各种各样所谓的现代文化,良莠不齐、纷繁杂芜。作为读者,应该慎重地从文化杂烩中精挑细选最好的、最纯的、最精的文化知识进行学习,以便促进身心的健康,那么国学经典就是最佳的选择。

当然,我们必须注意:传承古代经典,不是单纯背诵一些诗词,而是传承古老中华文明;不是只知其文不解其意,而是传承经典文化中的精神;不是对所有传统的东西都加以吸收,而是采取"扬弃"态度,取其精华去其糟粕;也不是排斥其他国家和民族的先进文化,要互相理解和尊重,要有兼容并包的情怀和清醒的头脑,做到互相学习和互相促进;更不是躺在灿烂传统文化的光环下故步自封,要积极开创未来的、先进的和科学的民族文化,要创造新的文化辉煌。

国学经典并非陈旧过时的东西,它能够适应任何时代的需要,且不同的时代都可以进行新的解读,都有时代的新意。广大读者要古为今用,活学活用,在新的时代推陈出新,进行新的解读,赋予新的内涵,不断发扬新的精神。

我们欣喜地看到,在党和政府的积极号召下,教育部印发了《完善中华优秀传统文化教育指导纲要》,各级教育机构启用了《中华优秀传统文化》教材,中小学语文新课标中也增加了青少年学生阅读和学习国学的分量,许多中小学开设了专门的国学课程,全国各族人民掀起了学习和传承中国传统文化的热潮。

为此,在有关专家的指导下,我们特别精选编辑了这套"中华传统国学阅读经典"作品,根据广大读者特别是青少年读者学习吸收的特点,采取了板块化的篇章结构。文前部分主要包括作者简介、题解+背景、作品概况、思想内容和艺术特点等内容,正文部分主要包括原文、注释、解读、感悟、赏析、故事等内容,文后部分主要包括名言妙语、读后感、知识互动大会等内容。同时还配有精美的插图,图文并茂,生动形象,非常易于阅读、理解和欣赏,能够培养广大读者的国学阅读兴趣,从而增强大家对中华优秀传统文化的热爱、传承和发展,最终积极投身到中华民族伟大复兴的中国梦之中。

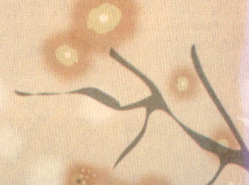

根据"部编教材"和广大读者特别是青少年读者学习吸收的特点，采取版块化篇章结构，设置丰富的专题栏目，解构阅读知识要点，无障碍直通阅读核心，重点感受丰富的知识和独特的艺术，领会和发扬深刻的国学精神！

```
                    《百家姓》全文诵读
                           │
                         导 读
        ┌──────┬──────┼──────┬──────┐
      作者简介  题解+背景 作品概况 思想内容 艺术特点
```

作者简介：简单介绍作者生卒、生平事迹、代表作品和历史影响等。

题解+背景：简单阐述书名来历、作者社会背景、创作动机、创作过程等。

作品概况：简单介绍作品结构形态、流传过程和历史价值等。

思想内容：简单分析作品思想内涵、社会价值和启迪作用等。

艺术特点：简单解析语言表达、篇章结构、人物形象等丰富的艺术特色。

姓氏标题：根据约定说法，采用四言体例，对四个姓氏进行并列展示，并且用作一级标题，具有提纲挈领的作用。

周吴郑王

周

【姓氏溯源】
周姓是一个历史悠久、姓源复杂的姓氏，周姓的始祖为周文王，周朝的许多王族后来都以周为姓。还有一说是，黄帝的后裔迁徙到陕西岐山下的周原，从此称为周族，并以周为姓。

【历代名人】
西汉宰相周亚夫，西汉开国武侯周勃，三国时吴国名将周瑜，北宋著名哲学家周敦颐，北宋著名词人周邦彦，元代著名音韵学家周德清，明末清初文学家、篆刻家、收藏家周亮工……

吴

【姓氏溯源】
周代泰伯和仲雍的父亲有三个儿子，最小的儿子季历聪明又很有才识。父亲想让弟弟季历当继承人，泰伯和仲雍便自动让位，远奔东南沿海一带，不再返回陕西。由于当时江南还很落后，泰伯和仲雍带来了中原的先进文化和技术，当地的人便拥护泰伯为领袖，建立吴国，并以吴为姓。

【历代名人】
战国时著名军事家吴起，秦末农民起义的领导者吴广，清代小说家《儒林外史》的作者吴敬梓，清代大臣吴襄，清代康熙乾隆年间著名医学家吴澄，清代著作家吴蔚光……

姓氏单列：将姓氏单独列出，并用作二级标题，然后围绕进行集中阐述。姓氏的核心定位，具有鲜明突出的作用。

精美配图：根据姓氏配图，图文互动，让姓氏变得生动形象，让阅读变得丰富有趣。

严

【姓氏溯源】

严姓主要有三种来源：一是古严国的后裔。相传在尧帝执政时期，高士许由有一位朋友叫严僖，就是古严国的后裔。今山东省的鄄城县一带，仍有一支严氏族人尊奉严僖为得姓始祖，并一直拒绝与芈姓严氏联宗；二是出自庄姓。汉明帝名叫刘庄，为了避讳，令庄氏都改姓严；三是少数民族汉化的结果，现代的满族、彝族、朝鲜族中都有严姓。

【历代名人】

东汉名士严光，唐代官员严武，南宋中期女词人严蕊，明代名宦、工部尚书严震直，明朝著名的权臣、累进吏部尚书、谨身殿大学士、少傅兼太子太师、少师、华盖殿大学士的严嵩，近代著名启蒙思想家、翻译家严复……

华（huà）

【姓氏溯源】

华姓的几个来源：源自子姓，出自春秋时期宋国宋戴公封子孙于华邑，属于以封邑名为氏，源于嫄姓；出自夏朝仲康封于西岳华山，属于以居邑名为氏；源于姬姓，出自春秋时期郑国世子华，属于以先祖名字为氏；源于嬴姓，出自战国末期秦国公子华，属于以先祖名字为氏。

【历代名人】

东汉末年医学家华佗，三国时期魏国大臣华歆，西晋吏学家华峤，东晋大臣华恒，北宋官吏、神宗朝进士、朝奉大夫华镇，明初将领、淮安侯华云龙，清末数学家华蘅芳，清代画家华嵒……

姓氏注音
对姓氏特定读音、特殊借用以及多音、古音、外族姓氏等进行注音，以帮助读者认识姓氏和加强理解。

姓氏渊源
对姓氏进行追根溯源，阐述其起源、由来、发展、迁徙、支系、分布以及堂号等，条分缕析，线索分明。

历代名人
展示各个时代主要姓氏名人，并进行简要阐述。各领风骚数百年，一姓血脉薪火传，具有明显的自豪感。

完美大结局

读后感
从中、小学生认识角度，剖析阅读作品后的所思所感、所作所为等，达到有所收获和感悟等。

知识互动大会
通过阅读作品和做"填空题""选择题"和"问答题"等题型的互动，达到读与学相互促进，增强阅读兴趣，提高阅读学习质量。

作者简介

《百家姓》成书于宋朝初年,一般认为是在公元960年赵宋建立至公元978年吴越归宋这段时间内。《百家姓》的作者不详,南宋人王明清在《玉照新志》中认为是"两浙钱氏有国时小民所著",是吴越境内一个普通人的作品。

在民间有一个传说,说是在北宋初年的杭州城,生活着吴氏一家四口,大儿子是个书生,他的弟弟年纪很小,还在牙牙学语。有一天,吴家邻居过来串门,见到吴家小儿子,就逗他说:"你还记得我是谁吗?"小儿子张口结舌了半天,才回答道:"是孙大娘。"

吴家妈妈笑着说:"又记错啦!孙大娘是集市上卖糖给你吃的呀,怎么连个姓氏都记不住呢?"

邻居也笑着说:"哎呀,小孩子嘛,认人都认不准,再说姓氏那么多,他们学一个忘一个,这也没办法嘛。"

这番闲谈引起了吴家大儿子注意,他想世间没有一本统计天下姓氏的书,是多大遗憾啊!世间人口众多,姓氏纷繁芜杂,各有各的故事,如果能把它们总结在一起,一定是件趣事。

再说,收集天下人的姓氏编辑成册,无论是编写还是阅读,都不会有多大困难,还能让孩童早些识字,知晓四方姓氏。吴家大儿子想到此,便打定了主意。

从第二天开始,吴家大儿子就挨家挨户上门前去询问主人的姓氏,并让主人再说出自己所知道的关于自己姓氏的起源、发展、演变故事等。渐渐地,越来越多的人知道吴家大儿子统计了一本小册子,上面收集着很多人的姓氏,还有每个姓氏的来由呢!

题解+背景

传说杭州吴家的大儿子编了一本关于姓氏的小册子，人们都对这本小册子很感兴趣，大家争相传抄，饶有兴趣地抢着翻阅，并从各自的姓氏中判断哪个姓氏和自己可能有血缘关系。还有人则是为了长长见识，了解一下祖先经历，或者看看世上还有什么少见的姓氏。

结果，这本小册子的影响越来越大，官府知道了，学者们知道了，就连当朝皇帝也知道了。皇帝对这件事也有了兴趣，便派出官员专门去详细统计。同时，还给这种关于姓氏的书命名为《百家姓》。

其实，在《百家姓》之前，有关姓氏的文字记载可以上溯至商代甲骨文。在战国时有史官编著的《世本》，记载黄帝至春秋时期诸侯、大夫的姓氏、世系、居邑等，可惜到宋朝已经逐渐散失了。

中国古代非常重视氏族的渊源和谱系，《世本》以及隋唐时期出现的《氏族志》内容都很繁琐、古奥，并不适合阅读，并且已经落伍于时代发展，无法满足时代的需求了，直至北宋时期《百家姓》的出现，才填补了这一空白。

北宋崇尚文治，以儒学治国，实行科举取士。在此背景下，大量儒学典籍回归社会，随着培养人才的书院教育大增，激发了人们通过读书识字获得文化知识以光宗耀祖、改变命运的强烈愿望，这样，蒙学读物就成了必读书，《百家姓》也就应运而生了。

《百家姓》由于内容与姓氏相关，其中开篇姓氏的排列还是有讲究的，如"赵"是指赵宋，既然是国君的姓，理应为首；其次是"钱"姓，钱是五代十国中吴越国王的姓氏；"孙"为当时国王钱俶的正妃之姓；"李"为南唐国王李氏等。

作品概况

《百家姓》是一篇关于中文姓氏的蒙学读物,按文献记载,原收集姓氏411个,后增补到568个,其中单姓444个,复姓124个。内容虽然没有文理,但是对于中国姓氏文化的传承、中国文字的认识等都起了巨大作用,这也是其流传千百年的一个重要原因。

据历史文献记载,姓氏可以追溯到人类原始社会的母系氏族制度时期,因此,中国早期出现的姓氏大都是"女"字旁,如"姬"姓、"姚"和"妘"姓等。当时的姓是作为区分氏族的特定标志符号。

《百家姓》收录了部分上古传说姓氏,比如黄帝住姬水之滨,以"姬"为姓;炎帝居姜水之旁,以"姜"为姓。皇帝以大禹治水有功,赐姓为"姒"。此外,部落首领之子亦可得姓。依据黄帝有二十五子,得姓者十四人,依次为:姬、酉、祁、己、滕、任、荀、葴、僖、姞、儇、衣十二姓;祝融之后,依次为:己、董、彭、秃、妘、曹、斟、芈等八姓,史称祝融八姓。后来姓氏都是由此演变而来的。

还有一些姓氏是由图腾演变而来的,如:熊、马、牛、羊、龙、凤、山、水、花、叶等。由于年代久远,史前部分消失后难以考知,到底哪些姓氏源于图腾崇拜,已不得而知。黄帝与蚩尤大战于涿鹿之野,曾率领"熊、黑、貅、貔、虎"等,这些姓氏可能就是图腾氏族的名号。

随着《百家姓》的盛行,还出现了其他版本,如明代的《黄明千家姓》,清朝后期又出现的《增广百家姓》等,但都没有流行起来,比如《黄明千家姓》以"朱奉天运"起句,就遭到当时学者的非议,说"未见有天姓者",虽然明太祖已诏令颁行天下,但私塾童蒙仍然以原来的《百家姓》为读本,说明它已经在人们的思想中根深蒂固。

思想内容

《百家姓》与《三字经》《千字文》并称"三百千",是中国古代儿童三大启蒙读物之一。《百家姓》因为包含着一个人姓氏的基本信息,对于少年儿童未来社会交往、人际关系以及从事各行各业都具有重要意义。所以,儿童学习读写姓氏、了解姓氏渊源,具有很大实用性和必要性,这也是《百家姓》的重要思想内容。

《百家姓》受中国传统文化影响极深,所辑录的主要姓氏,体现了中国古人对宗脉与血缘的强烈认同感。姓氏文化或称之为谱牒文化,是中国传统文化的重要组成部分。

中华民族是世界上"寻根意识"最强的民族。《百家姓》在历史的衍化中,为人们寻找宗脉源流,建立血亲意义上的归属感,帮助人们认识传统的血亲情结,提供了重要的文本依据,是中国人认识自我与家族来龙去脉不可缺少的文献基础蓝本。

《百家姓》和中华民族传宗接代的思想一脉相承,姓氏的延续,可以使人们从基因学、遗传学的角度认同同为炎黄子孙的血脉相连。中国有着寻根问祖的传统,认为这样是为祀祖尊宗,求得祖先佑护,同时也是传承祖德、光宗耀祖,认为每个人与祖先都是血脉相连的。

中华民族认祖归宗、绵延不绝的思想传统,通过《百家姓》这样的启蒙作品对姓氏的传承而得到继承。《百家姓》的出现,是中国特有的文化现象,流传至今,影响极深,它的思想内涵随着社会的发展不断外延,始终发挥着独特的价值作用。

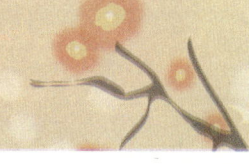

艺术特点

　　《百家姓》将常见姓氏进行了排列，编成四字一句的韵文，四言体例，很像一首四言古诗，虽然它的内容没有文理，但句句押韵，读来顺口，易学好记。

　　《百家姓》问世已有一千余年，它之所以受到读者喜爱，经久不衰，在于它的文学创作水平、实用特点和艺术魅力。它主要有以下几个特点：

　　一是特殊性。它堪称历史文献，记载了中国姓氏的发展，它与姓氏家谱、方志、正史构成完整的中国历史，是中国珍贵文化遗产的一部分。

　　二是常识性。作品对姓氏的传承，使人们对日常使用的姓氏加深了认知。人们在社会生活中，首先遇到的就是姓氏，由于汉字的特殊性，需要死记硬背每一个汉字、汉姓的读音和写法，就会出现不知读音或不识姓字的尴尬场面，而《百家姓》就解决了这个难题，并且姓氏集中、简短押韵，便于背诵，便于人们掌握这一生活常识。

　　三是区别性。历史上启蒙读物的内容大多为儒家伦理道德、儒家思想、儒家经典、人生哲理、经验说教以及歌颂圣德的贤君之作，而《百家姓》别开生面，专门传授姓氏知识，具有针对性和普及性，易于不同文化层次的读者学习，这也是它千百年来受到欢迎的原因之一。

　　四是平民性。在《百家姓》中，不仅有很多耳熟能详的中国历史名人，还能够看到每一个人的祖先以及家族发展情况等，这便为我们每一个人解决了从哪里来的问题。

目 录

赵钱孙李 …………… 1	费廉岑薛 …………… 44
周吴郑王 …………… 4	雷贺倪汤 …………… 47
冯陈褚卫 …………… 7	滕殷罗毕 …………… 49
蒋沈韩杨 …………… 9	郝邬安常 …………… 51
朱秦尤许 …………… 12	乐于时傅 …………… 53
何吕施张 …………… 14	皮卞齐康 …………… 55
孔曹严华 …………… 17	伍余元卜 …………… 57
金魏陶姜 …………… 20	顾孟平黄 …………… 59
戚谢邹喻 …………… 23	和穆萧尹 …………… 62
柏水窦章 …………… 26	姚邵湛汪 …………… 64
云苏潘葛 …………… 28	祁毛禹狄 …………… 66
奚范彭郎 …………… 31	米贝明臧 …………… 69
鲁韦昌马 …………… 34	计伏成戴 …………… 72
苗凤花方 …………… 36	谈宋茅庞 …………… 74
俞任袁柳 …………… 39	熊纪舒屈 …………… 76
酆鲍史唐 …………… 41	项祝董梁 …………… 79

杜阮蓝闵	81	甄曲家封	125
席季麻强	83	芮羿储靳	127
贾路娄危	85	汲邴糜松	129
江童颜郭	88	井段富巫	131
梅盛林刁	90	乌焦巴弓	134
钟徐邱骆	93	牧隗山谷	136
高夏蔡田	95	车侯宓蓬	138
樊胡凌霍	97	全郗班仰	140
虞万支柯	100	秋仲伊宫	143
昝管卢莫	102	宁仇栾暴	145
经房裘缪	104	甘钭厉戎	147
干解应宗	106	祖武符刘	150
丁宣贲邓	108	景詹束龙	153
郁单杭洪	110	叶幸司韶	155
包诸左石	113	郜黎蓟薄	157
崔吉钮龚	116	印宿白怀	159
程嵇邢滑	118	蒲邰从鄂	162
裴陆荣翁	120	索咸籍赖	164
荀羊於惠	123	卓蔺屠蒙	166

池乔阴鬱 …… 169	广禄阙东 …… 210
胥能苍双 …… 171	欧殳沃利 …… 212
闻莘党翟 …… 173	蔚越夔隆 …… 214
谭贡劳逄 …… 175	师巩厍聂 …… 216
姬申扶堵 …… 177	晁勾敖融 …… 218
冉宰郦雍 …… 180	冷訾辛阚 …… 220
郤璩桑桂 …… 182	那简饶空 …… 223
濮牛寿通 …… 184	曾毋沙乜 …… 225
边扈燕冀 …… 186	养鞠须丰 …… 228
郏浦尚农 …… 188	巢关蒯相 …… 230
温别庄晏 …… 190	查后荆红 …… 233
柴瞿阎充 …… 193	游竺权逯 …… 235
慕连茹习 …… 195	盖益桓公 …… 237
宦艾鱼容 …… 197	万俟 司马 …… 239
向古易慎 …… 199	上官 欧阳 …… 241
戈廖庚终 …… 201	夏侯 诸葛 …… 242
暨居衡步 …… 203	闻人 东方 …… 244
都耿满弘 …… 205	赫连 皇甫 …… 245
匡国文寇 …… 207	尉迟 公羊 …… 246

澹台 公冶 …………… 247
宗政 濮阳 …………… 248
淳于 单于 …………… 249
太叔 申屠 …………… 250
公孙 仲孙 …………… 251
轩辕 令狐 …………… 253
钟离 宇文 …………… 254
长孙 慕容 …………… 255
鲜于 闾丘 …………… 256
司徒 司空 …………… 257
亓官 司寇 …………… 258
仉督 子车 …………… 259
颛孙 端木 …………… 260
巫马 公西 …………… 261
漆雕 乐正 …………… 262
壤驷 公良 …………… 263
拓跋 夹谷 …………… 264

宰父 谷梁 …………… 265
晋楚 闫法 …………… 266
汝鄢 涂钦 …………… 268
段干 百里 …………… 270
东郭 南门 …………… 271
呼延 归海 …………… 272
羊舌 微生 …………… 273
岳帅 缑亢 …………… 274
况郈 有琴 …………… 277
梁丘 左丘 …………… 279
东门 西门 …………… 280
商牟 佘佴 …………… 281
伯赏 南宫 …………… 283
墨哈 谯笪 …………… 285
年爱 阳佟 …………… 288
第五 言福 …………… 290

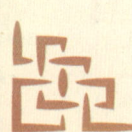

《百家姓》全文诵读

zhào	qián	sūn	lǐ	zhōu	wú	zhèng	wáng	féng	chén	chǔ	wèi
赵	钱	孙	李	周	吴	郑	王	冯	陈	褚	卫

jiǎng	shěn	hán	yáng	zhū	qín	yóu	xǔ	hé	lǚ	shī	zhāng
蒋	沈	韩	杨	朱	秦	尤	许	何	吕	施	张

kǒng	cáo	yán	huà	jīn	wèi	táo	jiāng	qī	xiè	zōu	yù
孔	曹	严	华	金	魏	陶	姜	戚	谢	邹	喻

bǎi	shuǐ	dòu	zhāng	yún	sū	pān	gě	xī	fàn	péng	láng
柏	水	窦	章	云	苏	潘	葛	奚	范	彭	郎

lǔ	wéi	chāng	mǎ	miáo	fèng	huā	fāng	yú	rén	yuán	liǔ
鲁	韦	昌	马	苗	凤	花	方	俞	任	袁	柳

fēng	bào	shǐ	táng	fèi	lián	cén	xuē	léi	hè	ní	tāng
酆	鲍	史	唐	费	廉	岑	薛	雷	贺	倪	汤

téng	yīn	luó	bì	hǎo	wū	ān	cháng	yuè	yú	shí	fù
滕	殷	罗	毕	郝	邬	安	常	乐	于	时	傅

pí	biàn	qí	kāng	wǔ	yú	yuán	bǔ	gù	mèng	píng	huáng
皮	卞	齐	康	伍	余	元	卜	顾	孟	平	黄

hé	mù	xiāo	yǐn	yáo	shào	zhàn	wāng	qí	máo	yǔ	dí
和	穆	萧	尹	姚	邵	湛	汪	祁	毛	禹	狄

mǐ	bèi	míng	zāng	jì	fú	chéng	dài	tán	sòng	máo	páng
米	贝	明	臧	计	伏	成	戴	谈	宋	茅	庞

xióng	jǐ	shū	qū	xiàng	zhù	dǒng	liáng	dù	ruǎn	lán	mǐn
熊	纪	舒	屈	项	祝	董	梁	杜	阮	蓝	闵

xí	jì	má	qiáng	jiǎ	lù	lóu	wēi	jiāng	tóng	yán	guō
席	季	麻	强	贾	路	娄	危	江	童	颜	郭

méi	shèng	lín	diāo	zhōng	xú	qiū	luò	gāo	xià	cài	tián
梅	盛	林	刁	钟	徐	邱	骆	高	夏	蔡	田

fán	hú	líng	huò	yú	wàn	zhī	kē	zǎn	guǎn	lú	mò
樊	胡	凌	霍	虞	万	支	柯	昝	管	卢	莫

jīng	fáng	qiú	miào	gān	xiè	yīng	zōng	dīng	xuān	bēn	dèng
经	房	裘	缪	干	解	应	宗	丁	宣	贲	邓

yù	shàn	háng	hóng	bāo	zhū	zuǒ	shí	cuī	jí	niǔ	gōng
郁	单	杭	洪	包	诸	左	石	崔	吉	钮	龚

chéng	jī	xíng	huá	péi	lù	róng	wēng	xún	yáng	yū	huì
程	嵇	邢	滑	裴	陆	荣	翁	荀	羊	於	惠

zhēn	qū	jiā	fēng	ruì	yì	chǔ	jìn	jí	bǐng	mí	sōng
甄	曲	家	封	芮	羿	储	靳	汲	邴	糜	松

jǐng	duàn	fù	wū	wū	jiāo	bā	gōng	mù	kuí	shān	gǔ
井	段	富	巫	乌	焦	巴	弓	牧	隗	山	谷

chē	hóu	fú	péng	quán	xī	bān	yǎng	qiū	zhòng	yī	gōng
车	侯	宓	蓬	全	郗	班	仰	秋	仲	伊	宫

nìng	qiú	luán	bào	gān	tōu	lì	róng	zǔ	wǔ	fú	liú
宁	仇	栾	暴	甘	钭	厉	戎	祖	武	符	刘

jǐng	zhān	shù	lóng	yè	xìng	sī	sháo	gào	lí	jì	bó
景	詹	束	龙	叶	幸	司	韶	郜	黎	蓟	薄

yìn	sù	bái	huái	pú	tái	cóng	è	suǒ	xián	jí	lài
印	宿	白	怀	蒲	邰	从	鄂	索	咸	籍	赖

zhuó	lìn	tú	méng	chí	qiáo	yīn	yù	xū	nài	cāng	shuāng
卓	蔺	屠	蒙	池	乔	阴	鬱	胥	能	苍	双

wén	shēn	dǎng	zhái	tán	gòng	láo	páng	jī	shēn	fú	dǔ
闻	莘	党	翟	谭	贡	劳	逄	姬	申	扶	堵

rǎn	zǎi	lì	yōng	xì	qú	sāng	guì	pú	niú	shòu	tōng
冉	宰	郦	雍	郤	璩	桑	桂	濮	牛	寿	通

biān	hù	yān	jì	jiá	pǔ	shàng	nóng	wēn	bié	zhuāng	yàn
边	扈	燕	冀	郏	浦	尚	农	温	别	庄	晏

chái	qú	yán	chōng	mù	lián	rú	xí	huàn	ài	yú	róng
柴	瞿	阎	充	慕	连	茹	习	宦	艾	鱼	容

xiàng	gǔ	yì	shèn	gē	liào	yǔ	zhōng	jì	jū	héng	bù
向	古	易	慎	戈	廖	庾	终	暨	居	衡	步

dū	gěng	mǎn	hóng	kuāng	guó	wén	kòu	guǎng	lù	què	dōng
都	耿	满	弘	匡	国	文	寇	广	禄	阙	东

ōu	shū	wò	lì	yù	yuè	kuí	lóng	shī	gǒng	shè	niè
欧	殳	沃	利	蔚	越	夔	隆	师	巩	厍	聂

cháo	gōu	áo	róng	lěng	zǐ	xīn	kàn	nā	jiǎn	ráo	kōng
晁	勾	敖	融	冷	訾	辛	阚	那	简	饶	空

zēng	wú	shā	niè	yǎng	jū	xū	fēng	cháo	guān	kuǎi	xiāng
曾	毋	沙	乜	养	鞠	须	丰	巢	关	蒯	相

zhā	hòu	jīng	hóng	yóu	zhú	quán	lù	gě	yì	huán	gōng
查	后	荆	红	游	竺	权	逯	盖	益	桓	公

mò	qí	sī	mǎ	shàng guān	ōu yáng	xià hóu	zhū gě
万	俟	司	马	上官	欧阳	夏侯	诸葛

wén rén	dōng fāng	hè lián	huáng fǔ	yù chí	gōng yáng
闻人	东方	赫连	皇甫	尉迟	公羊

tán tái	gōng yě	zōng zhèng	pú yáng	chún yú	chán yú
澹台	公冶	宗政	濮阳	淳于	单于

tài shū	shēn tú	gōng sūn	zhòng sūn	xuān yuán	líng hú
太叔	申屠	公孙	仲孙	轩辕	令狐

zhōng lí	yǔ wén	zhǎng sūn	mù róng	xiàn yú	lú qiū
钟离	宇文	长孙	慕容	鲜于	闾丘

sī tú	sī kōng	qí guān	sī kòu	zhǎng dū	zǐ jū
司徒	司空	亓官	司寇	仉督	子车

zhuān sūn	duān mù	wū mǎ	gōng xī	qī diāo	yuè zhèng
颛孙	端木	巫马	公西	漆雕	乐正

rǎng sì	gōng liáng	tuò bá	jiá gǔ	zǎi fù	gǔ liáng
壤驷	公良	拓跋	夹谷	宰父	谷梁

jìn chǔ	yán fǎ	rǔ yān	tú qīn	duàn gàn	bǎi lǐ
晋楚	闫法	汝鄢	涂钦	段干	百里

dōng guō	nán mén	hū yán	guī hǎi	yáng shé	wēi shēng
东郭	南门	呼延	归海	羊舌	微生

yuè shuài	gōu kàng	kuàng hòu	yǒu qín	liáng qiū	zuǒ qiū
岳帅	缑亢	况邱	有琴	梁丘	左丘

dōng mén	xī mén	shāng mù	shé nài	bó shǎng	ná gōng
东门	西门	商牟	佘佴	伯赏	南宫

mò hǎ	qiáo dá	nián ài	yáng tóng	dì wǔ	yán fú
墨哈	谯笪	年爱	阳佟	第五	言福

赵钱孙李

赵

【姓氏溯源】

赵姓出自嬴姓，是古帝王少昊的后裔。赵姓的祖先是少昊的裔孙造父。造父是西周时著名的驾车能手，一次由于造父驾车及时赶回，让周穆王平定了叛乱，穆王因此把赵城封给了造父作为食邑。从此，造父的后代就住在赵城这个地方，并把赵作为姓氏。

【历代名人】

战国时赵国君主赵武灵王，战国时赵国将领赵奢、赵括父子，三国时期蜀汉"五虎上将"之赵云，北宋开国皇帝赵匡胤，北宋贤相赵

普，元代书画家赵孟頫，清末三大画家之一赵之谦……

钱

【姓氏溯源】

钱姓起源比较单一，其远祖为上古人物陆终，陆终的三儿子叫彭祖，据《史记·楚世家》记载："彭祖姓篯名铿，尧封於彭城，为大彭国始祖。"周文王时，彭祖裔孙篯孚为周文王师，官拜泉府上士，是掌管全国税收和钱粮的官阶之一。因泉通钱，而篯字恰是钱字上有个竹头，为纪念篯铿氏族再次复兴，篯孚的子孙便去篯字竹头简为钱姓。他的后人便以官为姓，世代相传。

【历代名人】

五代十国时吴越国的国王钱元，唐代诗人、"大历十才子"之一的钱起，宋末元初画家钱选，明朝易学家钱一本，清代著名史学家钱大昕，近现代植物学家钱崇澍……

孙

【姓氏溯源】

卫康叔是周文王姬昌的第八子，卫康叔的八世孙姬和因为攻灭西戎有功，被周平王赐为公爵，史称卫武公。卫武公有一个儿子名叫惠孙，惠孙的孙子名乙，字武仲，把祖父惠孙的字作为姓氏，姓孙。因此武仲又称孙仲，他的后代就以孙为姓。

【历代名人】

春秋时期雄才大略、骁勇无比的楚国人孙叔敖，春秋末期伟大的军事家孙武，战国时期著名的军事家孙膑，三国时期吴国的建立者孙权，西晋时"漱石枕流"的文学家孙楚和"映雪读书"、官至御史大夫的孙康，唐代著名的医学家孙思邈……

李

【姓氏溯源】

商朝末年,有一个叫理征的贵族,被纣王迫害致死,他的妻子契和氏与儿子理利贞,一起逃难到伊侯之墟。因为逃难途中曾经躲在一棵李树下,并且以李子充饥才得以保全性命,所以改姓为"李"。

【历代名人】

春秋末期重要的哲学家李耳,秦代著名的政治家李斯,西汉时期的名将李广,唐太宗李世民,唐代著名诗人李白,宋代著名女词人李清照,晚清政治家李鸿章……

周 吴 郑 王

周

【姓氏溯源】

周姓是一个历史悠久、姓源复杂的姓氏,周姓的始祖为周文王,周朝的许多王族后来都以周为姓。还有一说是,黄帝的后裔迁徙到陕西岐山下的周原,从此称为周族,并以周为姓。

【历代名人】

西汉宰相周亚夫,西汉开国武侯周勃,三国时吴国名将周瑜,北宋著名哲学家周敦颐,北宋著名词人周邦彦,元代著名音韵学家周德清,明末清初文学家、篆刻家、收藏家周亮工……

吴

【姓氏溯源】

周代泰伯和仲雍的父亲有三个儿子,最小的儿子季历聪明又很有才干,父亲想让弟弟季历当继承人,泰伯和仲雍便自动让位,远奔东南沿海一带,不再返回陕西。由于当时江南还很落后,泰伯和仲雍带来了中原的先进文化和技术,当地的人便拥护泰伯为领袖,建立吴国,并以吴为姓。

【历代名人】

战国时著名军事家吴起,秦末农民起义的领导者吴广,清代小说家《儒林外史》的作者吴敬梓,清代大臣吴襄,清代康熙乾隆年间著名医学家吴澄,清代著作家吴蔚光……

郑

【姓氏溯源】

郑姓来源比较单一,主要出自姬姓,其远祖为郑桓公。郑国是春秋初期的强国,后为韩国所灭。郑桓公的后人迁居至陈、宁之间,以国为姓,世代姓郑。

【历代名人】

春秋晚期著名的巾帼人物郑旦,战国著名水利专家郑国,东汉时期学者郑兴、郑众,北魏名臣、书法家郑羲,明末清初民族英雄郑成功,清代著名画家郑板桥……

百家姓

王

【姓氏溯源】

王姓起源于几种王族：一是出自姬姓，为周文王、周灵王、周平王的后裔。二是出自妫姓，为齐王田和的后代。三是出自子姓，为商朝王子比干的后代。王姓来源众多，但有一些共同点，即大多为帝王的后人。

【历代名人】

战国时期秦国名将王翦，西汉元帝时"四大美女"之一王昭君，汉代著名学者、无神论者王充，东晋时期著名书法家王羲之，东晋书法家王献之，唐代诗人画家王维，宋朝思想政治家王安石，明代著名哲学家王阳明……

冯 陈 褚 卫

冯

【姓氏溯源】

冯姓主要有两个来源，一是出自姬姓，周文王的儿子毕公高有个后裔叫毕万，他的孙子长卿被封在冯城，长卿的子孙以采邑为姓，世代姓冯。二是出自冯姓，春秋时郑国有个大夫叫冯简子，因封邑在冯而得姓。

【历代名人】

战国名士冯谖，东汉征西大将军冯异，五代时历任四朝宰相冯道，中国第一位女政治家、女外交家冯嫽，明末小说家冯梦龙，近现代爱国将领冯玉祥……

陈

【姓氏溯源】

陈姓出自姚姓和妫姓，舜帝姚重华的后裔。舜，也称虞舜，姚姓。周武王灭纣、建立周朝以后，找到舜的后人胡公满，封他在陈这个地方，建立了陈国。胡公满的子孙有以国为姓的，即成为陈姓的由来。

【历代名人】

春秋时齐国大夫陈完，秦朝末年反秦义军的首领陈胜，西汉王朝开国功臣陈平，汉末文学家陈琳，东汉末年吕布帐下谋士陈宫，《三国志》作者陈寿，南朝陈创建者陈霸先，十六国时秦陇人民起义军领袖陈安……

褚(chǔ)

【姓氏溯源】

褚姓以官名为氏。本自殷商后人宋恭公子瑕食采于褚,其德可师,号曰褚师,因而命氏。居民以地名为氏。褚姓还有另一种比较简单的说法,那就是以居地之地名为姓。古代有一个叫褚的地方,当地居民就以褚为姓。

【历代名人】

西汉经史学家、元帝、成帝的博士褚少孙,晋代任安东将军褚契,唐代褚契之九世孙、散骑常侍褚亮,唐代著名书法家褚遂良,明朝御史褚德培,乾隆二十八年进士、翰林院侍读学士褚廷璋……

卫

【姓氏溯源】

出自姬姓,来源于周文王的第九子康叔之后,以周国封地国名为氏。上古周文王的第九子康叔被封于卫,接管旧殷都朝歌七族的遗民,建立了卫国。到春秋战国时,卫国被秦国兼并。卫国公族子孙就以故国名为姓,世代相传姓卫。

【历代名人】

战国时期政治家、法家代表人物卫鞅,汉景帝时期历任中郎将、河间王太傅、太子太傅、御史大夫、宰相的卫绾,汉武帝的第二任皇后卫子夫,汉武帝时期的著名将领卫青,西晋书法家卫瓘……

蒋沈韩杨

蒋

【姓氏溯源】

蒋姓起源较为单一，主要出自姬姓，以国名命姓。西周时周公旦的儿子伯龄被封在蒋地，建立了蒋国，后被楚国所灭，伯龄的子孙便以原国名为姓，世代姓蒋。

【历代名人】

丹徒蒋氏始祖蒋辉，衡溪蒋氏始祖蒋绍铎，大山塔蒋氏始祖蒋铎、蒋泽，永康蒋氏始祖蒋千一，香山蒋氏始祖蒋应科、蒋应第，武岭蒋氏始祖蒋光、蒋仁杰，三国时蜀汉著名大将军蒋琬，唐代宰相蒋伸，明代画家蒋时行，清代戏曲作家、文学家蒋植……

沈

【姓氏溯源】

沈姓的来源主要有三种：一是出自姬姓，周文王的第十个儿子被封于沈国，春秋时被蔡国灭掉，子孙便以国为姓。二是出自芈姓，是颛顼帝的后代。三是出自金天氏，是少昊氏的后代。

【历代名人】

南朝史学家、文学家沈约，唐代著名诗人沈佺期，唐代文学家沈既济，北宋杰出的科学家、政治家沈括，明代画家沈士充，清代山水画画家沈宗骞，清代戏剧家沈起凤……

百家姓

韩

【姓氏溯源】

　　春秋时期晋昭侯分封叔父成师于曲沃,造成分裂局面,后为曲沃武公统一。曲沃武公夺得晋国君位以后,灭掉了周成王之弟所建立的韩国,封其叔父姬万于韩,称为韩武子,武子的曾孙韩厥以封邑为氏,称韩氏。

【历代名人】

　　被周威烈王册封为诸侯的韩景侯韩虔,公元前323年称韩宣王、韩宣惠王、韩襄哀王、韩悼襄王韩康,战国末期思想家、法家创始人韩非,西汉著名军事家、"兴汉三杰"之一韩信,唐朝文学家、"唐宋八大家"之首韩愈,唐代画家韩干,元末红巾军领袖韩山童……

杨

【姓氏溯源】

　　杨姓最早源于春秋时期的杨国，为隋朝、南吴的国姓，是一个典型的多民族、多源流姓氏，主要源自姬姓及少数民族改姓等。还有源于周宣王子长父，周宣王姬静将子长父封到杨国为杨侯，春秋时杨为晋所灭，其后裔以杨为姓。

【历代名人】

　　哲学家、道家杨朱学说派创始人杨朱，汉赋四大家之一杨雄，东汉官员、曾任荆州刺史、东莱太守的杨震，隋朝建立者杨坚，隋炀帝杨广，五代十国时期吴国奠基人杨行密，南宋"四大家"之一杨万里，明朝内阁首辅、政治家杨士奇……

百家姓

朱 秦 尤 许

朱

【姓氏溯源】

周武王灭商后封弟弟振铎在曹国，称为曹叔振铎。改封曹安的后裔曹挟在邾国，战国时，邾国被楚国所灭，其公族子孙遂以国名"邾"为氏，后又有人去邑以朱为氏，称朱氏。

【历代名人】

西汉大臣朱买臣，南宋思想家朱熹，明朝开国皇帝朱元璋，明朝第三位皇帝明成祖朱棣，清著名文献学家、藏书家、学者朱筠，现代杰出的散文家、诗人、学者、民主战士朱自清……

秦

【姓氏溯源】

西汉初，高祖刘邦采纳娄敬的建议，迁徙关东大族充实关中，秦氏有一支自鲁徙居扶风茂陵。这支秦氏人丁兴旺，官宦众多，西汉时有秦袭等五人同时任郡守一级的官，故世号"万石秦氏"，其后人便以秦为姓。

【历代名人】

战国时期燕国将领秦开，隋末唐初名将秦琼，南宋著名数学家秦九韶，著名戏曲作家秦简夫，南宋宰相秦桧，清代历任礼部侍郎、工部尚书秦蕙田，著名书画理论家秦祖永，太平天国将领、燕王秦日纲，明朝末年著名女军事家秦良玉……

尤

【姓氏溯源】

一是源于沈姓，出自五代十国时期闽国的沈氏族人，属于因谥改姓。按照大部分尤氏观点：五代之初，因审、沈二字同音，闽国境内的沈姓族人为了避讳，将沈姓去掉三点水改为"尤"姓而成。二是源于仇姓，在春秋战国时期，"仇"与"尤"二字音义相通，都是怨忿之意，因此仇姓亦有称尤氏者，读音作qíu，今读作yóu亦可。

【历代名人】

闽王王审之的女婿尤思礼，宋代书画家、富翁尤叔保，南宋诗人、大臣尤袤，宋代名士、万历四年进士、信阳刺史、户部尚书郎、和阳太守尤光被，明代官吏、嘉靖年间进士尤瑛，清代医学家、诗人尤怡，清代官吏、诗人、康熙年间进士尤珍，清代画家尤荫……

许

【姓氏溯源】

古时候有一位品德高尚且不愿为朝廷做事的志士叫许由，相传尧要把君主的位子让给他，他逃到箕山（现今的河南登封市东南），许由死后，葬在箕山，所以箕山也取名叫许由山，这里的许姓就是许由的后代。

【历代名人】

战国时期的楚国人许行，著名东汉经学家、文字学家许慎，曹魏名将许褚，唐代中书令、秦王府"十八学士"之一许敬宗，中国十三世纪政治家、教育家、思想家和天文学家许衡，著名宋代画家许道宁……

何 吕 施 张

何

【姓氏溯源】

何姓出自姬姓。周武王之子封于韩,灭国。其后裔韩武子仕晋,封于韩原,以地为氏。另一种说法是韩武子是晋同族曲沃桓叔后裔,即周成王弟姬唐叔虞之后。后来与赵、魏三家分晋,成为诸侯。秦始皇灭六国,韩氏族裔遁逃江淮之间,因改姓何。

【历代名人】

西汉大臣何武,东汉著名学者何休,东汉大臣、水利家何敞,东汉大将军何进,三国时玄学家何晏,唐朝名臣何易于,南朝宋无神论者、天文学家何承天,清代著名书法家何绍基……

吕

【姓氏溯源】

吕氏始祖是伯夷。伯夷是炎帝的裔孙,姓姜,因为辅佐禹治水有功,所以在虞、夏时被封姓吕,建立侯爵吕国,称吕侯。春秋初年吕国被楚国所灭,其后子孙以国为氏,散居于韩、魏、齐、鲁之地,史称吕姓正宗。

【历代名人】

战国时秦丞相吕不韦,秦末农民起义将领、世袭父爵新阳侯吕臣,汉高祖皇后吕雉,东汉末年名将吕布,三国时东吴名将吕蒙,唐代书法家、学者吕向,明代学者吕坤……

何吕施张

施

【姓氏溯源】

施姓主要有三种来源：一是以封国为姓，夏朝时有个施国，国亡后，其子孙便以国为姓。二是出自姬姓，为黄帝的后代。三是出自子姓，是商朝人的后裔，主要从事旗帜制造业，古称"旌、旗、帜"为"施"，其后人便以祖先的职业为姓。

【历代名人】

春秋时孔门弟子施之常，南宋著名壮士施全，明代著名文学家施耐庵，明代郑芝龙部将施琅，清代"天下第一清官"施世纶，清代文学家、顺治年间进士施闰章，清代围棋国手施定庵，清代文学家施清……

15

张

【姓氏溯源】

春秋时晋国有个叫解张的贵族，他的子孙以其字为姓，世代姓张。此外，居住在云南的南蛮酋长于三国时被诸葛亮赐姓张，此后其子孙便以张为姓。

【历代名人】

战国时期宰相张仪，西汉谋臣张良，西汉外交家张骞，东汉科学家、文学家张衡，东汉医学家张仲景，三国时五虎上将张飞，明代政治家张居正，明代中医理论家张景岳，清末洋务派首领张之洞……

孔曹严华

孔

【姓氏溯源】

孔姓起源有多种，主要有源于子姓，出自商朝君主成汤之后裔，其子孙中有一支以商族的姓"子"与成汤名字中的"乙"组合起来，为子姓孔氏。另一说法是西周初期，成汤的后裔微子启被封于宋国，微子启死后，其弟宋微仲继位。微仲九世孙名嘉，字孔父，史称孔父嘉，孔父嘉为宋国大司马，遭受迫害，他的后代逃到鲁国，以其名字中的"孔"为氏，也是子姓孔氏。

【历代名人】

春秋时期著名思想家、政治家、教育家，儒家思想的创始人孔

子，汉武帝时任博士、后为谏大夫、临淮太守、经学家孔安国，西汉后期大臣孔光，东汉郎中孔宙，唐代经学家孔颖达，国子生授胶西主簿、元代安庆录事孔思迪，清代戏曲家孔尚任……

曹

【姓氏溯源】

公元前11世纪周朝时，周武王姬发把自己的弟弟叔振铎封在曹国，建立城都陶丘，公元前487年被宋国灭掉，曹国的子孙以原国名为姓，成为曹姓的始祖。

【历代名人】

春秋时鲁国大夫、著名的军事理论家曹刿，西汉开国功臣、名将曹参，东汉孝女曹娥，三国时期的著名政治家、军事家、诗人曹操，三国时期著名的政治家、文学家、曹魏的开国皇帝曹丕，清代著名作家曹雪芹……

严

【姓氏溯源】

严姓主要有三种来源：一是古严国的后裔。相传在尧帝执政时期，高士许由有一位朋友叫严僖，就是古严国的后裔。今山东省的鄄城县一带，仍有一支严氏族人尊奉严僖为得姓始祖，并一直拒绝与芈姓严氏联宗；二是出自庄姓。汉明帝名叫刘庄，为了避讳，令庄氏都改姓严；三是少数民族汉化的结果，现代的满族、彝族、朝鲜族中都有严姓。

【历代名人】

东汉名士严光，唐代官员严武，南宋中期女词人严蕊，明代名宦、工部尚书严震直，明朝著名的权臣、累进吏部尚书、谨身殿大学士、少傅兼太子太师、少师、华盖殿大学士的严嵩，近代著名启蒙思想家、翻译家严复……

华（huà）

【姓氏溯源】

华姓的几个来源：源自子姓，出自春秋时期宋国宋戴公封子孙于华邑，属于以封邑名为氏，源于妘姓；出自夏朝仲康封观于西岳华山，属于以居邑名为氏；源于姬姓，出自春秋时期郑国世子华，属于以先祖名字为氏；源于嬴姓，出自战国末期秦国公子华，属于以先祖名字为氏。

【历代名人】

东汉末年医学家华佗，三国时期魏国大臣华歆，西晋史学家华峤，东晋大臣华恒，北宋官吏、神宗朝进士、朝奉大夫华镇，明初将领、淮安侯华云龙，清末数学家华蘅芳，清代画家华喦……

金 魏 陶 姜

金

【姓氏溯源】

少昊是古代东夷部落首领，相传他因修太昊之法，故曰少昊，按照古人的五行学说，土生金，他以金德王，故号为金天氏。少昊的子孙中，有一支简化他的号"金天氏"而为姓氏，就是金氏。

【历代名人】

汉朝汉武帝时功臣金日磾，唐朝佛教密宗僧徒金刚智，北宋末年礼部尚书金崇岳，明朝大臣、兵部尚书金忠，南宋抗金名将、驾前大将军兼御史大夫金履丰，明末清初文学评论家金圣叹……

魏

【姓氏溯源】

魏氏是黄帝姬姓嫡裔，原是毕国人，到周文王曾孙毕万时，毕国被西戎所灭，便投奔晋国。在晋国攻灭霍、耿、魏三国战斗中，立下了大功，晋献公将原是姬姓国的魏地赐给他为邑。毕万子孙以邑为氏，称为魏氏。

【历代名人】

春秋时晋国国卿魏绛，魏国信陵君魏无忌，春秋时晋国大夫魏武子，战国初期魏国的建立者魏斯，东周战国初期魏国国君、中原霸主、魏武侯魏击，三国时蜀汉名将魏延，唐朝谏议大夫、左光禄大夫、侍中、郑国公魏征，清代思想家、政治家、文学家魏源……

陶

【姓氏溯源】

陶姓，中华姓氏之一，距今已有4300多年历史，陶姓始祖为上古圣帝之一唐尧，唐尧又称陶唐氏，其后一支便以陶为姓。另有出自商王朝著名七族中的陶氏，属于以职业技艺为氏。

【历代名人】

汉末群雄之一陶谦，东晋末期南朝宋初期诗人、文学家、辞赋家、散文家陶渊明，东晋名将、大司马陶侃，明代著名的史学家、文学家陶宗仪，南朝齐、梁时期的道教思想家、医药家、炼丹家、文学家陶弘景，清代大臣、经世派主要代表人物陶澍……

| 百家姓

姜

【姓氏溯源】

姜姓来源于远古的炎帝神农氏。我国最古老的"三皇"之一的神农氏，出生于陕西岐山西南方的姜水河畔，于是他就以姜作为自己的姓，子孙世代相传。

【历代名人】

武王伐纣时军师姜尚，春秋时代齐国第十五位国君姜小白，汉代高士姜肱，三国时将军姜维，唐代宰相姜公辅、姜恪，南宋名将姜才，南宋著名词人姜夔，清初著名书画家姜彭，文学家姜宸英，乾隆进士姜炳璋……

戚 谢 邹 喻

戚（qī）

【姓氏溯源】

源于姬姓，出自春秋时期卫国大夫孙林父的封地戚邑，属于以居邑名为氏。据史籍《姓谱》《万姓统谱》等文献记载，戚氏源于姬姓孙氏，出自春秋时期，戚氏的始祖是卫国大夫孙林父。

【历代名人】

汉代表临侯戚鳃，汉高祖的宠姬戚夫人，南朝梁员外散骑常侍戚衮，宋代画家戚仲，宋代画家戚文秀，明朝杰出的军事家、民族英雄戚继光，明朝任顺天府蓟州平谷县知县的戚延龄……

谢

【姓氏溯源】

黄帝的儿子中有一姓任，任姓家族建有十个国家，其中第一为谢国，因其比较弱小，周宣王派伯虎等大臣灭掉了谢国。谢国灭亡后，一部分人留在国内，另一部分人出外逃跑，他们以国为姓，这就是谢姓的来源。

【历代名人】

汉代官员谢夷吾，东晋著名政治家、书法家谢安，东晋名将谢玄，东晋女诗人谢道韫，南齐著名画家谢赫，南齐诗人谢朓，南朝著名画家、文学家谢灵运，南宋历官参知政事、右丞相、封鲁国公的谢深甫……

邹(zōu)

【姓氏溯源】

邹姓源流很多,有一支源于姚姓,姚姓之邹:舜帝姚姓。舜擅长占卜预测,亦称姚舜。舜帝后裔姚姓族人开创建有邹国,是商朝的诸侯国,姓名名典《姓觿》:"邹国,舜后,姚姓。"西周初有一支源于子姓,到春秋时期的正考父,他的子孙食于邹邑,为主要来源,是"以邑为邹氏"。

【历代名人】

战国时期著名人物邹忌,春秋战国时齐国人,著名的思想家、阴阳家、士大夫邹衍,西汉散文家、藩王太傅邹阳,北宋初幽州范阳统制邹天经,北宋光禄大夫、殿前检校、国子监酒兼监察御史邹望龙,宋代大臣、诗人邹浩,南宋状元、尚书、参知政事、开国公邹应龙……

喻(yù)

【姓氏溯源】

喻的本义是告知，意同谕。它作为一个姓氏出现于西汉时期，由姬姓演变而成。西周时，周宣王之弟姬龙封于郑，后立族为喻氏，历秦、汉。至汉景帝时，为避皇权使喻之字讳，改喻为谕，谕猛后裔又恢复为喻，所以喻姓始祖为喻猛。另有出自远古黄帝时代医官俞，属于帝王赐姓改姓为氏。

【历代名人】

后汉时期任薛令、苍梧太守喻猛，南朝梁安州刺史喻药，唐文宗开成五年进士、乌程令喻凫，北宋初建筑家喻皓，南宋秘书省正字、工部员外郎喻樗，南宋进士喻侃，明代嘉靖十七年进士、南京兵部侍郎喻时，清朝初年名医喻昌……

柏水窦章

柏（bǎi）

【姓氏溯源】

柏姓主要源于柏皇氏，出自远古时代东方部族的首领柏芝，属于以先祖名字为氏。相传柏芝曾担任伏羲氏的助手，勤劳于天下而不居功，造福于民众而无所求，所以深得百姓们的拥戴，被尊为皇柏，称柏皇氏。

【历代名人】

黄帝时地官柏常，帝颛顼师傅柏亮父，帝喾师傅柏昭，封在柏地的柏皋，唐朝中期大将柏良器，曾参加辛亥革命武昌起义，后被推为南京临时政府北伐联军总司令兼第一军军长柏文蔚……

水

【姓氏溯源】

据史籍《姓氏考略》《姓苑》等的记载，远古大禹治水时，他的氏族部落中有很多人当了水工，即治水的工程人员。大禹带领水工们到会稽山治水后，留下一个水工居住在会稽，这位水工便以水为姓氏，其后裔子孙就世代相传姓水，称水氏，是一个非常古老的姓氏。

【历代名人】

明朝浙江郭县人，万历进士、授宁国知县水乡漠，明朝天启进士、礼部郎、建宁兵备参议水佳胤，明代无锡人、知名清官、邵武知县水苏民……

窦(dòu)

【姓氏溯源】

窦姓出处有五种说法，一说出自姒姓，为夏帝少康之后，以地名为氏；一说出自古代氏族姓氏有窦氏，分布在今陕西、甘肃、四川一带；一说出自少数民族被赐姓窦氏；一说出自战国时魏国有窦公，其后代简改为窦氏；还有一说出自周穆王赐皇后氏族为窦氏。

【历代名人】

西汉大臣、大将军、封魏其侯、丞相窦婴，东汉凉州牧、冀州牧、大司空、代行卫尉事兼领将作大匠、封安丰侯窦融，东汉时期名将窦固，元代杰出政治家、理学家、教育家和医学家窦默，隋唐名将窦建德……

章

【姓氏溯源】

出自姜姓，据历史记载，章姓的孕育地在山东省泰安市东平县鄣城村，商朝时为鄣国；章姓的诞生地为豫章。周成王姬诵执政时期赐封姜太公于齐地，建立齐国。鄣国被姜太公收为附庸国。后姜太公将齐国留封给嫡子，而将鄣国分封给庶子。到了姜虎时，被正式封于鄣国，公元前664年鄣国被齐国灭亡。鄣胡公的弟弟姜韅辗转数年，遂定居于武都，于鄣字去邑为章。

【历代名人】

秦朝著名将领、上将军章邯，南朝陈武康人、丰州刺史章大宝，陈朝名将、封邵陵郡公章昭达，唐代诗人、进士章八元，北宋中期政治家、改革家、银青光禄大夫章俞，观文殿大学士、太师、魏国公章惇……

云 苏 潘 葛

云

【姓氏溯源】

源于妘姓，出自黄帝的子孙颛顼的后代，属于以先祖名号为氏。据史籍《路史》记载，颛顼后裔有祝融，是管理用火的官员，被后世尊为神。祝融之后受封于郓罗地，号为妘子，其后裔子孙遂为妘氏，后省去女旁而为云氏，形成云氏，世代相传至今。

【历代名人】

隋朝大将军云定兴，宋朝时许州人、乾道中慈州知府云景龙，宋末进士、陕西路总管、云氏徙粤琼一世祖云肇基，乾隆钦州学正、潮州府教授云志达……

苏

【姓氏溯源】

苏姓是昆吾的后代，昆吾是传说中的人物，昆吾有个儿子夏代中期时在苏国做官。苏国的都城在公元前650年被狄灭掉，子孙用国号作为姓，就是苏姓。

【历代名人】

战国时纵横家苏秦，西汉爱国名臣苏武，唐朝大臣、文学家苏颋，唐朝大将苏定方，天文学家兼药学家苏颂，北宋文学家苏洵，北宋著名文学家苏轼，北宋文学家、诗人、宰相苏辙……

云苏潘葛

潘

【姓氏溯源】

春秋时期淮河流域有一个小国叫潘国,潘国的子孙用国号作为姓,就是潘姓,潘姓是黄帝的后裔,所以潘姓大多以黄帝作为始祖。

【历代名人】

春秋楚成王时太师潘崇,三国时东吴将领潘璋,西晋文学家、名臣潘岳,北宋检校太师、忠武军节度使、韩国公潘美,宋朝广州观察推官潘全,宋代进士、太常卿潘宗亮,宋代学者潘翼,明代著名水利家潘季驯,博涉经史及历算声韵之学的清初学者、曾参与纂修《明史》的潘耒……

百家姓

葛(gě)

【姓氏溯源】

葛氏源于葛天氏，出自远古部落葛天氏族，属于以部落名为氏。按史书记载，葛天氏起源非常古老，而且还在人文始祖伏羲氏之前。据传，葛天氏的后裔子孙在后来省文简化为单姓，称葛氏，世代相传至今，是为最古老的葛氏之始。

【历代名人】

中国上古传说中一位贤能的首领葛天氏，夏朝时葛国国君葛伯，秦末农民起义军领袖之一、陈胜义军首席名将葛婴，东晋道教理论家、医学家、炼丹家葛洪，五代十国时期后梁名将葛从周，著名明朝太医院官葛林，明朝抗倭英雄葛天民，清末著名抗英将领葛云飞……

奚范彭郎

奚(xī)

【姓氏溯源】

奚姓源出有二：一出自任姓，起源于夏代，是黄帝的后裔奚仲之后，以祖（地）名字为氏；二出自古代北方少数民族。据《路史》载：鲜卑族拓跋氏之后有奚氏。又据《魏书·官氏志》载："薄奚氏、达奚氏均改为奚氏。"

【历代名人】

夏禹之臣、黄帝作车官奚仲，春秋末年卫国人、孔子的学生之一奚荣葳，北魏时期代郡人奚箪，北魏时期万骑大将军奚斤，唐朝易水人、著名制墨专家奚鼐，唐朝代宗大历末擢进士奚陟……

范

【姓氏溯源】

帝尧裔孙刘累之后，在周为唐杜氏。周宣王时，大夫杜伯无辜被杀，其有一子名隰叔，逃往晋国，其玄孙士会担任晋国上军主将，后因战功升为中军元帅，执掌朝政。士会先得到封邑随，后来又得到封邑范，所以又称随会，范会，死后追谥武子，所以也称范武子。其后子孙遂以邑为氏，称范氏。范姓尊范士会为范姓的得姓始祖。

【历代名人】

春秋后期越国政治家范蠡，战国著名政治家、军事谋略家范雎，秦末楚王重臣范增，南朝著名哲学家范缜，唐朝宰相、官至春官尚书、同平章事范履冰，北宋画家范宽，北宋著名政治家、文学家范仲淹……

彭(péng)

【姓氏溯源】

包羲太昊伏羲氏娶少典为妃,生黄帝。其子孙颛顼帝曾孙吴回之子陆终的儿子篯铿的封地大彭,属于以国名为氏。颛顼帝有玄孙陆终,陆终第三子姓篯名铿,受封于彭地,建立大彭国,称为彭祖,大彭国在殷商末期被商王武丁所灭。《国语·郑语》记载"大彭、豕韦为商所灭矣"。其后,大彭国子孙以国名为氏,称彭氏。

【历代名人】

历史名人彭祖,战国时齐国的隐士田骈之师彭蒙,梁王彭越,汉哀帝时大司马、长平侯彭宣,宋代进士彭俞,明代进士彭孙,清代书画家彭绍升,湘军首领彭玉麟……

郎(láng)

【姓氏溯源】

一是源于姬姓,为春秋时鲁国大夫、鲁懿公的孙子费伯之后,以地为姓氏。春秋初年,鲁懿公姬戏有个孙子叫费伯,为鲁国上大夫,他在周平王姬宜臼四十九年农历四月私自占据郎城,以其为自己家族食邑,并以郎为姓。二是源于匈奴族,属于汉化改姓为氏。汉元帝初元元年,即公元前48年,南匈奴部归附于西汉王朝被汉王朝分化,改姓氏者称郎氏。

【历代名人】

东汉时期的安丘人郎宗、郎颛父子,唐代定州人、天宝年间进士、郢州刺史郎士元,唐朝画家郎余令,清代画家郎氏女,清朝将领郎坦,清朝时期的漕运总督郎廷极……

鲁 韦 昌 马

鲁

【姓氏溯源】

鲁姓主要出自姬姓，是周公旦的后代。西周武王分封时，周公被封在东方的鲁国，由于要留在都城辅佐周王，于是就派儿子伯禽去了鲁国。战国时，鲁国被楚国灭掉，其子孙就以国名为姓，世代相传。

【历代名人】

战国末期学者鲁仲连，东汉名臣鲁恭，东汉名臣鲁丕，东汉官吏、学者鲁峻，三国东吴名将鲁肃，西晋学者、逻辑学家鲁胜，宋代诗人鲁瀚，明代画家鲁治……

韦（wéi）

【姓氏溯源】

韦姓的发源地当是今河南境内滑县的豕韦古国。有多种来源。韦氏属三皇五帝之首包羲风姓后裔，《帝系谱》《元和姓纂》载：包羲太昊伏羲氏娶少典为妃，子黄帝子孙彭祖孙元哲嫡系。《新唐书·宰相世系表》载：韦氏出自风姓彭祖之后。

【历代名人】

周武王的将领韦遐，西汉丞相韦玄成，三国学者韦昭，南朝镇军将军韦叟，北周军事家、战略家韦孝宽，唐代诗人韦应物，唐代画家韦偃，唐朝监察御史韦皋，太平天国首领韦昌辉……

昌

【姓氏溯源】

源于有熊氏，出自远古黄帝之子昌意，属于以先祖名字为氏。黄帝妃嫘祖生昌意，后来昌意携全家北迁至中原，建昌意城，其子颛顼后为部落首领，十年而佐少昊，二十而登帝，成为古代著名的领导中华民族的上古五帝之一，为高阳氏。颛顼帝支子以祖父昌意之字命姓，遂成昌姓。

【历代名人】

昌氏得姓始祖昌意，颛顼之母昌仆，殷商王女、修道于常山、扶危济贫的昌容，三国魏徐州太守昌豨，宋状元昌永，明代高僧昌海，明代迁沔始祖昌友谅……

马

【姓氏溯源】

一是以官职为氏。在战国时期，赵国有个赵奢将军，以善于用兵闻名，因为曾打败过秦军，被封为马服君。赵奢的子孙以马服为姓氏，后又省"服"为马氏。二是出自西周时期官吏马质，也属于以官职称谓为氏。马质，是西周时期设置的官位，掌管马匹的征收，并负责检验马匹的质量。其后代把祖辈的官职称谓为姓氏，称马质氏，后来简化为单姓马氏，世世代代相传至今。

【历代名人】

东汉名将马援，东汉经学家、文学家马融，三国时名将马超，三国时名将马良和马谡，唐代诗人马异，元代有戏曲作家、散曲家马致远，明代有航海家马欢，明末女画家、诗人马湘兰……

苗 凤 花 方

苗

【姓氏溯源】

源于芈姓,芈姓中的一个分支,即是源自楚国的姓氏。最直接的苗姓史祖是楚国公族大夫伯棼之子斗贲皇的封地,属于以封居名称为氏。

【历代名人】

唐玄宗时期处州刺史苗奉倩,唐宪宗时期处州刺史苗稷,唐玄宗时期乐平令、兵部员外郎苗发,隋末农民起义军领袖苗海潮,唐代父子三人均为进士出身的大臣苗蕃、苗愔、苗恪……

凤

【姓氏溯源】

源于高辛氏,出自黄帝的曾孙帝喾之后,属于以官职称谓为氏。远古黄帝的曾孙帝喾时,以凤鸟氏为历正官,就是专职掌管天文历法的大臣,以指导人们按照季节时令耕田种地和收获的官员。凤鸟氏,在官职称谓上又称凤历、历正。在凤鸟氏的后裔子孙中,便以其称号为姓氏。

【历代名人】

汉朝时渔阳人凤纲,清朝充骁骑营翼长的凤山,清朝驻西藏帮办大臣凤全,明朝以贡生入官,历任汉阳通判、衡州知府的凤翕如……

花

【姓氏溯源】

史载："花氏出《姓苑》，出自何氏。""系出华氏，古无花字，通作华。后专用花为花草之花，故华姓亦有改为花姓者。"清段玉载《说文解字·华注》：花字"起于北朝前此书中花字，出于后人所改。"《中国姓氏起源》载："花姓又一支是周文王的后代。"唐朝以前，有华姓人以其与花字通用，自改为花姓。

【历代名人】

花姓始祖唐代仓部员外郎花季陆，南北朝时期北魏宋州巾帼英雄花木兰，唐朝著名西川将领花敬定，明朝初期著名将领花云，明代官吏、永乐二年进士花润生，明代将领花英明，洪武十八年进士花纶，明崇祯四年进士花上苑，清嘉庆四年进士花杰，清光绪十六年进士花铭……

| 百家姓

方

【姓氏溯源】

　　方姓是始于黄帝时期的姓。方姓，是"方雷氏之后"。方雷氏，相传炎帝神农氏八世孙帝榆罔之长子，因协助黄帝讨伐蚩尤有功，被封在方山。后世子孙以方为姓。

【历代名人】

　　唐代农民起义军首领方清，诗人方干，北宋农民起义军领袖方腊，元代文学家方回，明代学者方孝孺，明清之际思想家、科学家方以智，清代散文家方苞，文学家方玉润……

俞 任 袁 柳

俞（yú）

【姓氏溯源】

传统的说法俞姓源于姬姓，出自黄帝属臣跗之后，属于以物事称谓为氏。据记载，黄帝时有名医跗，其医术高超，精于腧经之治，为中国传统中医经脉理论的奠基人。在古代，"腧"与"俞"二字相通，后简笔写作俞跗。相传俞跗后裔为光大先人医术，多称俞跗氏，后简化为单姓俞氏。

【历代名人】

黄帝之时良医俞跗，宋末元初著名思想家、文学家俞桂，宋代官吏、太宗端拱初进士、吏部郎中俞献可，南楚俞氏、东粤俞氏的始祖俞寓程，明代抗倭名将俞大猷……

任（rén）

【姓氏溯源】

任姓出自黄帝少子禹阳的后代，属于帝王赐姓、以国名为氏。据《唐书·宰相世系表》及《左传正义》记载，任氏是五千余年前黄帝赐封的12个基本姓氏之一，是一个十分古老而又具有光荣传统的姓氏。

【历代名人】

孔子七十二贤弟子之一、排名第十七位任不齐，秦代沛县人、西汉开国名臣任敖，益州刺史、北军使者护军任安，南朝梁著名文学家任昉，唐高宗时宰相任雅相，顺治刑部尚书任濬……

袁

【姓氏溯源】

西周初，周武王把亮舜的裔孙妫满封在陈并建立了陈国，他的第11代世孙中有个叫诸的，字伯爰。伯爰的孙子涛涂，用祖父的字姓，就是爰姓。当时爰与辕通用，所以爰涛涂又写作"辕涛涂"。到秦代末，涛涂的裔孙告避难生活在河、洛之间，告的儿子政，在西汉初去掉"车"字旁，开始以袁为姓。

【历代名人】

东汉末年的军阀袁绍、袁术，西晋吴郡太守袁山松，唐代文学家袁郊，《五行相书》《推背图》作者袁天罡，南宋史学家袁枢，明代文学家袁宗道、袁宏道、袁中道三兄弟，明朝思想家、善书作者袁了凡，明代著名军事家袁崇焕，清代诗人袁枚，画家袁江……

柳

【姓氏溯源】

柳姓主要有二种来源：一是由展姓发展而来，春秋时鲁国有个主管刑狱的人叫展禽，受封于柳下（今河南濮阳柳下），人称柳下惠，其子孙便以封地为姓。二是楚怀王的孙子，秦末时被项羽推举为首领，建都于柳（今湖南常德），其子孙也以柳为姓。

【历代名人】

春秋贤臣柳庄，南北朝时期宋朝名将柳元景，南朝宋国大臣柳世隆，唐代政论家柳泽，唐高宗宰相柳奭，唐朝初期人、著名姓氏学鼻祖柳冲冲，唐朝著名文学家、哲学家、"唐宋八大家"之一柳宗元，北宋词人柳永，清朝初期诗人、画家柳如是……

酆鲍史唐

酆(fēng)

【姓氏溯源】

单一渊源：源于姬姓，出自周文王姬昌第十七个儿子姬子于之后，属于以封邑名称为氏，称丰氏。到了汉武帝刘彻执政时期，诏令规范汉字，在许多地名的原字上皆增加了"邑"偏旁，以表示其专指地名，因之改丰为酆。

【历代名人】

春秋时潞国首领酆舒，宋代衢州龙丘人酆去奢。据载酆去奢家住于九峰山下。少入道，游学道术，精思忘疲。年三十余，便居处州松阳县安和观，其观即叶静能故乡学道之所。传说后升仙者……

鲍(bào)

【姓氏溯源】

鲍叔牙为夏禹裔孙敬叔之子，春秋时齐国大夫。其父敬叔被封于鲍，叔牙开始以封邑为氏，称鲍叔牙。他力劝桓公将因拘的管仲开释，使之代己位，而以身下之。管鲍之交，世传美谈。鲍姓子孙也就尊这位德行高尚的鲍姓先人为其得姓始祖。

【历代名人】

春秋时期齐国大夫鲍叔牙，两晋之际思想家鲍敬言，西汉大臣鲍宣，汉初大臣鲍永，东汉大臣、太尉鲍昱，东汉末官吏、任骑都尉鲍信，南朝宋著名作家鲍照，北宋学者、工部员外郎鲍慎由……

百家姓

史

【姓氏溯源】

史姓是用官职为姓氏。史佚的远古祖先是高辛帝元妃姜嫄生后稷为周始祖，历至文王，文王生皇子伯邑考、伯邑考生佚。西周初年佚任太史令一职，辅佐武王克商，与周、召、太公共辅成王。史姓就是这位史佚的后代。

【历代名人】

春秋时卫国史官史鱼，汉代右将军青州、冀州二州刺史、溧阳侯史崇，西晋画家史道硕，唐代宰相史务滋，唐代节度使史思明，南宋朝宰相、为岳飞平反昭雪、溧阳侯35世孙史浩，明末兵部尚书史可法，清代文学家史震林……

唐

【姓氏溯源】

据史书记载，周成王在位时把唐国所在的地封给他的弟弟叔虞。鲁定公在位时，唐国被楚国灭掉，唐国子孙以国为姓氏，就是现在的唐氏。另有出自姬姓与祁姓，为黄帝轩辕氏之后。相传帝尧是黄帝轩辕氏的六世孙，姓伊祁，名放勋，他最初被封于陶，后来迁于唐，所以被称为陶唐氏，即后来的唐姓。

【历代名人】

唐代诗人唐衢，唐朝两广节度使唐佑，湖南浏阳唐氏始祖唐宁雄，唐朝永州刺史唐世旻，宋代医学家唐慎微，元代画家唐棣，元代永州太守唐义华，明朝起义女首领唐赛儿，明代画家、文学家唐寅，明代散文家唐顺之，清朝初期思想家唐甄……

费 廉 岑 薛

费(fèi)

【姓氏溯源】

源自远古帝王颛顼裔孙大费次子若木之后,属于以先祖名字为氏。相传颛顼是黄帝孙,有裔孙伯益,伯益曾协助大禹治水有功,受封于大费,伯益裔孙大费有子二人,其中次子名若木,因不得继承爵位而沦为平民,遂以父名为姓氏,姓费,以表明自己的血统所出,其后代相传姓费。

【历代名人】

夏朝贤臣费昌,商朝重臣费仲,春秋时期楚国大夫费无极,战国时期费国国君费惠公,西汉古文易学"费氏学"的开创者费直,西汉人荆州牧费兴,东汉四川南安人、合浦郡太守费贻……

廉

【姓氏溯源】

廉姓是最正统的黄帝后裔。廉颇,是战国时代赵国的神武大将,尤其因"负荆请罪"使他所姓的"廉"氏,成了一个中国人所熟悉的姓氏,同时,更证明了廉姓的古老。廉氏后人奉颛顼孙大廉为廉姓的得姓始祖。

【历代名人】

廉姓始祖黄帝玄孙大廉,廉姓始祖、殷商末期纣王大臣飞廉,战国时赵国将领、惠文王时上卿廉颇,汉代云中郡守、后又改任蜀郡太守廉范，宋代画家廉布……

岑(cén)

【姓氏溯源】

　　出自姬姓，为西周初期周武王堂弟姬渠之后，属于以国名为氏。上古周朝时，周武王姬发将父王异母弟姬耀封为岑子，将其堂弟姬渠封于岑地，建立了岑国，其后代以国名为姓，已经有了三千余年的悠久历史。

【历代名人】

　　始祖岑子，东汉大将岑彭，东汉大臣岑熙，南朝后梁大臣岑善方，唐代诗人、天宝进士岑参，高宗时累官兵部侍郎、同中书门下平章事岑长倩，明代袭上林峒长官司职、广西西林岑氏始迁祖岑仲密……

| 百家姓

薛

【姓氏溯源】

相传黄帝有25个儿子，分别得12个姓，其中一支叫禺阳的，被封于任地，得任姓。其第十二世孙奚仲为夏车正，禹封其于薛国，后世子孙以国为氏。

【历代名人】

北魏蜀族首领薛永宗，隋代诗人薛道衡，唐朝名将薛仁贵，唐代女诗人薛涛，南宋金石学家、文字学家薛尚功，明代医学家薛立斋，清代有医学家薛雪，清末外交官薛福成……

雷贺倪汤

雷

【姓氏溯源】

相传炎帝神农氏的九世孙名雷,因战功被黄帝封于方山,建立诸侯国。其子孙以国为氏,就是复姓方雷氏。后方雷氏又分为两支,一支姓方,一支姓雷。另有源于姜姓,出自炎帝裔孙方雷氏,属于以先祖名字为氏。

【历代名人】

雷姓的得姓始祖、炎帝神农氏的第九代孙方雷,东汉官员雷义,晋代天文学家雷焕,唐代著名宫廷乐师雷海青,明末清初时建筑工匠雷发达……

贺

【姓氏溯源】

贺姓主要出自姜姓,是为避讳帝王名讳所改的姓氏。春秋时,齐桓公的曾孙庆封因内乱逃到吴国。到东汉时,为避讳汉安帝父亲刘庆的名讳,将姓"庆"改为同意的"贺"字。

【历代名人】

江苏徐州太始祖贺宗国,迁楚南湘乡祖贺应棋、贺应桢、贺应詹,江西泰和始祖贺添民,鹅山贺氏始祖贺文亮,晋代光禄大夫贺循,隋朝大将军贺若弼,唐代著名诗人贺知章,宋代著名画家贺真,明代著名医学家贺岳……

倪

【姓氏溯源】

源流一：倪姓主要出自姬姓，是黄帝的后裔。春秋时期，邾武公将儿子封在郳，建立了郳国，他的子孙则以国为姓，亡国后为了避仇，改郳为倪。源流二：出自他族改姓或少数民族。据《魏书·官氏志》所载，后魏代北复姓贺郳氏改郳姓，后又改为倪姓；清满洲八旗人有倪姓，世居宁古塔；满、蒙古、土家等民族均有倪姓。

【历代名人】

西汉大臣、水利家倪宽，汉代著名的孝子倪萌，南朝江阴太守倪启，北宋官吏倪涛，宋朝尚书左丞同平章事倪曙，宋元祐三年戊辰科进士、礼部尚书倪思，元代画家倪瓒，清初学者、史志目录学家倪灿……

汤（tāng）

【姓氏溯源】

公元前11世纪周公平定武庚的反叛后，把商的旧都周围地区分封给商纣王的庶兄微子启，建立宋国。传至偃，自立为王，偃之弟曰昌，昌生隆，改姓子，后因秦始皇焚书坑儒，畏祸及，于是又改子姓为汤姓。

【历代名人】

汤姓始祖商汤，元代理论家、精通古代文物和书画鉴赏、著有《画鉴》的汤垕，明朝戏曲家、文学家汤显祖，明代开国功臣汤和，明朝抗倭名将汤克宽，明末琵琶演奏家汤应曾，清代铁画家汤天池，清代诗书画家汤世澍……

滕 殷 罗 毕

滕（téng）

【姓氏溯源】

滕姓起源很早，黄帝有25个儿子，黄帝把他们分成12个胞族，赐给他们12个姓。滕姓就是其中之一。还有一支滕姓起源于周朝。周文王第十四子封于滕，后来滕国灭亡，子孙就以国名"滕"为姓。

【历代名人】

滕姓始祖、周文王之子错叔绣，滕国国君滕文公，汉朝顺帝的大将滕抚，汉顺帝时著名文人滕胄，梁代孝子滕昙恭，五代十国画家滕昌佑，三国会稽太守滕胤，北宋政和八年进士滕茂实……

殷（yīn）

【姓氏溯源】

据历史记载，商朝君主盘庚将国都从奄迁于殷，故称"殷"或"殷商"。殷商灭亡后，殷商遗民以国名为姓，称殷氏。该支殷氏已有三千多年历史，是非常古老的姓氏之一。

【历代名人】

秦代会稽郡守殷通，汉代北地太守殷续，东汉会稽太守殷丹，晋代荥阳令殷褒，东晋名臣殷浩，南朝梁文学家、司徒左长史殷芸，南朝梁临川内史殷钧，东晋文学家、东阳太守殷仲文，东晋将领、玄学名士殷仲堪，唐朝封勋国公殷开山……

罗

【姓氏溯源】

出自妘姓。祝融，名黎，为帝喾时的火官，后人尊为火神。因其有功于民，能光融天下，祝融的后裔分为八姓，即己、董、彭、秃、妘、曹、斟、芈等，史书称为"祝融八姓"。到了周朝的时候，有子孙被封在宜城，称为罗国。遂以国名"罗"为氏。

【历代名人】

汉代大农令罗珠，两晋时期襄阳太守罗友，晋代政治家罗企生，唐朝军事家罗通，唐代诗人罗邺，唐代文学家罗隐，宋代理学家罗从彦，宋代政治家罗点，宋代画家罗存，元末明初杰出小说家罗贯中，清代著名画家罗聘……

毕

【姓氏溯源】

毕姓主要有两种来源：一是出自姬姓。周武王分封时，将哥哥毕公高封在毕国，后来毕国灭亡，毕公高的后人便以国名为姓。二是少数民族改姓。史书记载，西域毕国为突厥阿史那部族人建立的一个西域小国，他的子孙中多有以先祖之爵号"毕国公"为姓氏者，称毕氏。

【历代名人】

先秦时期周文王第十五子毕公高，春秋时晋人毕万，三国时东平别驾毕谌，南北朝北魏散骑常侍、兖州刺史、赐爵东平公毕众敬，唐代天宝末广平太守毕炕，唐朝画家毕宏，唐朝天宝中官御史毕宏，北宋活字印刷术的发明者毕昇，清代官员、学者毕沅……

郝邬安常

郝（hǎo）

【姓氏溯源】

上古时的太昊，相传就是伏羲氏。太昊有个大臣叫郝省氏，被封在太原的郝乡，以他的封地为姓氏，就是郝氏。还有源于姜姓，出自炎帝神农氏又称郝骨氏，属于复姓省文简改为氏。

【历代名人】

南朝梁江夏太守郝回，晋朝名士郝隆，隋末起义首领郝孝德，唐代高宗朝宰相郝处俊，宋代画家郝澄、郝士安、郝锐，元代学者、谋士郝经，明清之际李自成农民起义军猛将郝摇旗……

邬（wū）

【姓氏溯源】

一是出自春秋时期陆终四子求言的封地邬邑，属于以封邑名称为氏。二是出自春秋时期晋国大夫邬臧的封地邬邑，属于以封邑名称为氏。三是出自春秋时期晋大夫司马弥牟之封地，属于以封邑名称或官职称谓为氏。

【历代名人】

邬姓始祖邬臧，孔门七十二弟子之一邬单，湖南沅江邬氏希贤堂始祖、孔子庙庭封颍川侯邬子家，湖南沅江邬氏始祖邬华山，唐代书法家邬彤，宋代诗人邬佐卿，明嘉靖十九年中举、嘉靖二十三年进士邬琏……

| 百家姓

安

【姓氏溯源】

出自华夏族原有姓氏。秦朝时有安期生，一名安期，人称千岁翁，安丘先生。另有源于昭武九姓，出自唐朝时期中西亚的昭武九国，属于汉化改姓为氏。唐朝时期有外邦"昭武九姓"，以原国名"安国"为氏留居中原，并逐渐融合到汉族之中，后省文简化为安氏。

【历代名人】

秦代方士安期生，后晋成德军节度使安重荣，唐代长安人、太常寺任乐工安金藏，唐代金部郎中安得裕，宋代陕西长安人、著名石匠安民，宋代名将安俊，明代太仆少卿安伸，明代礼部主事安希范，清光绪年间进士、授编修安维峻，清代书法家安昶……

常

【姓氏溯源】

常姓主要源于姬姓，相传黄帝有臣：常先、常仪，但常姓在夏商时代的活动没有任何资料。周武王姬发封其弟姬封于康，周成王时转封于卫，卫康叔支庶食采于常，子孙以邑名为氏。春秋吴王封支庶于常，子孙以邑名为氏。楚大夫恒思公后有恒氏、常氏，为避北宋真宗名讳，改恒姓为常姓。

【历代名人】

三国时魏国人、官拜光禄大夫、封高阳乡侯常林，武帝时随苏武出使匈奴、昭帝拜为光禄大夫、官至右将军、封长罗侯常惠，东晋时史学家常璩，唐代诗人、开元进士常建，唐代画家常粲，明代散曲家、官至大理寺评事常伦……

乐 于 时 傅

乐（yuè）

【姓氏溯源】

主要源于子姓，出自西周末年宋国君主宋戴公四世孙乐莒之后，属于以先祖名字为氏。据记载："春秋时宋戴公四世孙乐莒，夷父须族弟，任大司寇之职。"子乐莒在担任大司寇后，即职掌刑狱、纠察等事。乐莒的后裔子孙以先祖为荣，便以祖上名字命姓，称为乐氏，世代相传至今。

【历代名人】

江西南阳堂永丰大霸乐氏始祖乐彦章，江苏无锡乐氏始祖乐甫、乐处厚，春秋时期宋国名臣乐喜，战国时魏国大将乐羊，三国时魏国猛将乐进，西晋时期名士乐广，隋唐开科举以来抚州地区第一位进士乐史，同仁堂创始者乐显扬……

于

【姓氏溯源】

于姓主要有三种来源：一是出自姬姓，为周武王姬发的后代。二是东海于公的后代。三是唐朝淳于氏为避皇帝李纯的名讳，而改姓于。

【历代名人】

汉朝宰相于定国，三国时期曹魏五子良将之一的于禁，唐朝宰相于志宁，明代杰出的政治家、军事家和著名民族英雄于谦，明代文学家、诗人于慎行，清朝前期名臣、著名的水利专家于成龙……

百家姓

时

【姓氏溯源】

源流一：时姓，据先秦典籍《世本》所载，来源于子姓，商汤支庶之后。西周初，商王帝乙之子微子启被封于宋，后传位于其弟微仲衍。其后裔宋国大夫公子来，受封于时邑，子孙以邑为氏。源流二：据元代历史学家胡三省注《资治通鉴》载，"时姓，楚大夫申叔时之后"。

【历代名人】

后汉典农中郎将时苗，宋神宗元丰二年己未科状元、累官至吏部尚书时彦，南宋乾道年间中武进士时大有、进士时中，高邮司理时丹立，明随州人时元，保宁节度掌书记时少章，辽太康进士、累迁辽兴军节度使、封郑国公时立爱，明宜兴人时大彬，乾隆进士时铭，清代西安同知时绎，清齐东知县时铭……

傅（fù）

【姓氏溯源】

商高宗武丁即位后梦见一个叫说的圣人，后来四处寻访梦中圣贤，结果在虞、虢之界一个叫傅岩的地方找到了一个叫说的奴隶，这个就是殷商名相傅说。傅说的后代遂以地为氏，称傅氏。

【历代名人】

殷商时期贤臣傅说，西汉义阳侯傅介子，东汉文学家傅毅，汉高祖时开国功臣傅宽，蜀汉将领傅肜，西晋时哲学家、文学家傅玄，明朝开国名将傅友德，明清之际大学问家傅山，近代中国历史上第一位女状元傅善祥……

皮卞齐康

皮

【姓氏溯源】

一是源于姬姓，出自春秋时期周卿士樊仲皮，属于以先祖名字为氏。二是源于姬姓，出自战国时期郑国大夫子皮，属于以先祖名字为氏。在子皮的后裔子孙中，有以先祖之字为姓氏者，称皮氏，世代相传至今。

【历代名人】

始祖郑国大夫子皮，沅江始迁之祖皮顺彝，长沙涌芬堂皮氏始祖皮文运，后汉著名谏议大夫皮究，北魏孝文帝朝平西将军皮喜，北朝北齐将领皮景和，唐代文学家皮日休，五代吴越诗人皮光业……

卞（biàn）

【姓氏溯源】

黄帝娶了四个妃子，生25子，赐12姓，姬姓是嫡系，即正妃之子。在夏建国后，姬明即卞明被封在山东泗水建以姓名为国，史记中有卞明国，卞明王是卞国的国君。卞明王创天下卞姓，是卞姓的始祖。另记录：卞姓源于姬姓，出自黄帝裔孙吾融之后，属于以国名为氏。

【历代名人】

始祖夏王朝名士卞随，周文王第六子曹叔振铎之庶子卞叔田，晋代尚书卞敦，晋代中书令卞粹，宋代学者卞大亨，元代诗人卞思义，明代文学家卞荣，明代南京太常寺博士卞思敏，明代画家卞文瑜……

齐

【姓氏溯源】

　　一是源于姜姓，出自周朝功臣姜太公子牙的封地齐国，属于以国名为氏。齐氏家族发源于营丘，齐国改君姓后，姜姓王族后裔子孙多有以国名为姓氏者，齐氏族人大多尊奉姜太公为得姓始祖。二是源于姬姓，出自西周时期卫国大夫、著名的哲学家齐子，属于以先祖名字为氏。在齐子的后裔子孙中，有以先祖之字为姓氏者，称齐氏。

【历代名人】

　　西汉平帝封北平大将军、险渎侯齐盖，唐朝历任监察御史、刑部员外郎、判官齐映，元代御药院外科太医齐得之，清代江苏金匮知县齐彦槐，清代大臣齐承彦，近、现代绘画大师齐白石……

康

【姓氏溯源】

　　康姓主要出自姬姓。周武王灭商后，把同母幼弟姬叔封在康，故称康叔，为周成王的弟弟康叔的后代。二是出自西域康居国王子的后裔。三是他族的加入或因避讳而改康姓的。

【历代名人】

　　三国时高僧康僧会，三国吴国时海外旅行家康泰，梁朝司州刺史卫尉卿康绚，唐代经学大师康子元，唐代检校尚书左仆射、封会稽郡王康日知，五代后唐明宗李嗣源时任大理少卿康澄，北宋大将康再遇，唐代琵琶演奏家康昆仑，明代文学家康海，清末维新变法的领袖康有为……

伍 余 元 卜

伍

【姓氏溯源】

一是源于芈姓，出自远古黄帝的臣子伍胥，属于以先祖名字为氏。二是源于姬姓，属于以官职称谓为氏。三是源于官位，出自春秋战国时期军制，属于以军职称谓为伍氏。

【历代名人】

楚国大夫伍奢，伍姓得姓始祖伍胥，唐代宁化人伍洪、伍泳、伍潢、伍浚，明代咸宁教喻、陕西安察副使伍福，明代兵部尚书伍文定，明代天文学家伍儒……

余

【姓氏溯源】

主要源于姬姓，出自春秋时期秦国宰相由余之后，由余，周携王余姓图腾姬余臣之孙，祖上因政治避乱逃亡到西戎。后在西戎为官时奉命出使秦国，秦穆公嬴任见由余才德横溢，遂用计留由余在秦国为臣。由余是历史上最早提出"仁治"方略的人，后代子孙为了纪念先祖以由余的名字为姓氏。

【历代名人】

始祖春秋时秦国上卿由余，初开长茅始祖余良，唐末校书郎余镐，北宋南昌府太守余辟，宋朝工部尚书余端礼，明代永乐戊戌年进士余祥，清朝敕封大总余德培，清初文学家余怀明……

元

【姓氏溯源】

元姓源出有五：一是出自殷商元铣之后，世代相传姓元。二是出自姬姓，为春秋时魏国周文王第十五子毕公高的后代毕万之后，以地名为氏。三是出自拓跋姓，为鲜卑族的后代，至魏孝文帝时下诏改姓为元氏。四是出自复姓纥骨氏、是云氏所改。五是出自玄姓，北宋时为避开国皇帝太祖赵匡胤的父亲圣祖赵玄朗名讳，改姓元氏。

【历代名人】

魏孝文帝元宏，唐末抚州刺史元全讽，江西浯潆元氏始祖元子哲，江西乐安元氏始迁祖元从周，天津元氏始祖元友能，忻州元氏始祖元谊，唐代作家元稹，元代诗人元好问，吴越国丞相元德昭……

卜（bǔ）

【姓氏溯源】

一是源于姒姓，出自夏王朝夏启属下巫师，属于以官职称谓为氏。巫师，在夏、商王朝时期掌管卜筮；周王朝时期，掌管卜筮的官员称卜正，其子孙便以职官为姓，世代称卜氏。二是源于姬姓，出自周文王的儿子叔绣之后，属于以官职称谓为氏。

【历代名人】

得姓始祖卜偃、卜徒父、卜楚丘、卜式，微山卜氏始祖卜坟，春秋晋国学者、孔门"七十二弟子"之一卜商，春秋晋献公掌卜大夫卜偃，西汉赐爵关内侯、御史大夫卜式，元朝大臣卜天福，明代名医卜惠，清代名医卜道英……

顾孟平黄

顾

【姓氏溯源】

顾姓主要有两种来源：一是出自昆吾氏，夏代昆吾氏的子孙被封在顾国，夏末时被商汤攻灭，散居各地的顾伯子孙便以国为姓。二是出自越王勾践的后裔。

【历代名人】

东晋著名的画家顾恺之，南朝梁陈训诂学家、史学家顾野王，唐朝诗人顾况，五代十国中南唐著名人物画家顾闳中，明朝著名画家顾名世，明代东林党领袖顾宪成，明末著名政治家、思想家顾炎武，清代历史地理学家顾祖禹……

孟

【姓氏溯源】

孟姓主要有两种来源：一是源自春秋时的鲁国公族，是周文王的姬姓子孙，始祖为鲁桓公的儿子庆父共仲。二是源自春秋时的卫国，其始祖为卫灵公之兄孟絷。

【历代名人】

战国时著名思想家、儒家学派的重要代表人物、"亚圣"孟轲，后蜀高祖孟知祥，后蜀后主孟昶，唐朝著名诗人孟浩然、孟郊、孟云卿，南宋名将孟珙，元末红巾军将领孟海马，明末清初戏曲作家孟称舜……

平

【姓氏溯源】

一是源于姜姓，出自春秋时期齐国宰相晏婴，晏婴字平仲，属于以先祖名字为氏。二是出自战国时期韩国君韩哀侯之子诺的封地平邑，以邑名为氏。三是源于子姓，出自商王朝末期商王武丁之子苑侯，属于复姓省文简化为氏。四是源于官位，出自汉朝时期官吏平准令，属于以官职称谓为氏。

【历代名人】

平姓始祖晏婴，汉朝明经博士平当，江西省南丰县后举平氏始祖平宣教，宋末进士平从龙，元朝钦州万安知军、钦授钦廉两州安察使平云铉，明朝著名将领平安，同治元年进士平步青，清光绪二十三年秀才平刚……

黄

【姓氏溯源】

一、源自国名。帝舜时代，东夷部落的首领叫伯益，他的后代分为14个姓，其中的黄姓是他的后裔在商末周初时在今河南潢川建立黄国，后黄国被楚国灭后，其国人皆以黄为姓氏。二、源自官位。黄帝下属之官黄云。"黄云"是黄帝设置的官名，为中官。黄云之后裔子孙，有以先祖官称为姓氏者，称黄云氏，后简称为单姓黄氏、云氏等。

【历代名人】

战国楚国相父黄歇，西汉丞相黄霸，东汉孝子黄香，三国名将黄忠、黄盖，唐末农民起义领袖黄巢，五代画家黄荃，北宋著名书法家、诗人黄庭坚，元朝画家黄公望，元代女纺织技术家黄道婆，清代史学家、地理学家黄宗羲……

和 穆 萧 尹

和(hé)

【姓氏溯源】

主要源于远古时期祝融氏重黎的后代,属于以官职名称为氏。唐尧时,重黎的后人羲和为掌管天地四时的官,遂成和氏。还有源于子姓,出自春秋时期宋国国君宋宣王的弟弟子和,属于以先祖名字为氏。还有源于芈姓,出自春秋时期楚国大夫卞和之后,属于以先祖名字为氏。

【历代名人】

和姓始祖羲和、和仲、和叔、子和、卞和,魏文帝封安城亭侯和洽,西晋中书令和峤,西晋尚书左右仆射、中书令、尚书令和郁,五代时文学家、法医学家和凝,宋德顺军指挥使和斌……

穆(mù)

【姓氏溯源】

宋穆公因受到国人称赞,死后谥号为"穆",宋穆公的子孙以此为荣,就以"穆"为姓。据《姓纂》记载:"宋穆公之后支孙氏焉,汉楚元王友有穆生,或作穆,亦音缪。"

【历代名人】

穆姓得姓始祖宋穆公,唐朝侍御史穆宁,唐朝诗人穆寂,唐朝著名诗画家穆修己,宋代散文家穆修,明朝监察御史穆相,明代官员、理学家、心学学者穆孔晖……

萧(xiāo)

【姓氏溯源】

一是出自子姓。春秋时，大夫子心因平乱有功，受封于萧地，建立了萧国，后萧国为楚国所灭，其子孙便以国为姓，世代姓萧。二是外姓改入。宋朝有一将军名钟达，为奸臣所害，抄斩九族，他有七个儿子，其中三个死里逃生，为避害而分别改姓萧、叶。

【历代名人】

西汉名臣萧何，南朝齐的建立者萧道成，南朝梁著名史学家萧子显，南朝梁文学家、昭明太子萧统，唐代初年大臣萧瑀，南宋著名画家萧照，宋代御史萧定基，明万历中会试第一萧良有，清代太平天国领导人之一萧朝贵……

尹(yǐn)

【姓氏溯源】

一是源于少昊。少昊是远古时期羲和部落的后裔、古代东夷族首领，少昊之子殷执掌工正，被封于尹城，后代子孙因此为氏。二是源于兮甲。周宣王的中兴大臣兮甲赫赫战功，文武兼备，周宣王封他为"师尹"，故世人称兮伯吉甫为"尹吉甫"，其后代以尹为氏，

【历代名人】

尹姓始祖尹佚、君吉甫（兮甲），东汉荆州刺史尹珍，东汉尚书令尹勋，西凉国武昭王后、杰出的女政治家尹夫人，唐代工部尚书尹思贞，后周将领尹崇珂，抗辽将领尹继伦，北宋散文家尹洙，南宋作家尹焞，明嘉靖年间武举乡试第一、会试第一、殿试连中三元尹凤，明朝武将尹秉衡……

姚 邵 湛 汪

姚（yáo）

【姓氏溯源】

相传舜因生在姚墟，他的后裔子孙便以地为氏，称为姚氏。姚姓与姬姓、嬴姓等20个古姓均起源于公元前两千多年前的母系氏族社会，至今近五千年，是中国四大历史最长的姓之一。

【历代名人】

春秋郑国大夫姚句耳、姚般，西晋羌族部落的首领姚弋仲，唐初史学家姚思廉，唐初著名政治家姚崇，南宋词人姚云文，明代《永乐大典》的编修官姚广孝，抗倭民族英雄姚长子，清代著名文学家姚范，清代学者姚文田……

邵（shào）

【姓氏溯源】

邵姓主要出自姬姓。西周初年，周武王将弟弟姬奭封在召地，世称召公。召公后又被封于燕，成为燕国的始祖。战国末年，秦灭燕，召公的后代散居各地，以召为姓，后又加上一个"邑"字，成为今天的邵姓。

【历代名人】

西汉著名大臣邵信臣，东汉南阳太守邵信臣，三国魏乐丞邵登，南宋抗金将领邵兴，北宋著名哲学家邵雍，清朝著名经学家、历史学家邵普涵，清朝著名文学家邵齐焘……

湛（zhàn）

【姓氏溯源】

一是源于姒姓，出自夏王朝早期大禹氏族后代，属于以国名为氏。二是源于尹祁氏，出自上古尧帝的第三子大节之后裔，属于以封邑名称为氏。三是源于姬姓，出自春秋时期郑国大夫裨谌，属于以先祖名字为氏。四是源于地名，出自春秋时期居住在湛地住民，属于以居邑名称为氏。

【历代名人】

湖南平江湛氏始祖湛福六，岭南湛氏始祖湛露，汉代司农湛重，唐代诗人湛贲，唐代佛教天台宗高僧湛然，陶侃母湛氏，五代时光州人、御史大夫、国子祭酒湛温，明朝大臣、学者、历官南京礼、吏、兵三部尚书湛若水，明代永乐进士湛礼……

汪

【姓氏溯源】

一是源自商代汪芒氏之后。汪芒氏又称汪罔氏，是防风所改，防风是夏朝诸侯之一。夏朝国君禹召集群神到会稽山，防风氏因为晚到，而被禹杀头。进入商朝，防风氏的后代就改为单字汪氏。二是源自住地。鲁国国君成公的支庶儿子被封到汪邑，其后世子孙就以邑为氏。

【历代名人】

唐代有泾县人汪伦，宋朝著名大臣、宰相汪伯彦，元代航海家汪元亨，明代戏曲家汪道昆，清朝大画家、"扬州八怪"之一汪士慎，清初著名学者汪价，清朝著名大臣汪大燮，太平天国将领汪海洋，著名清朝医学家汪昂，清末民初京剧演员、剧作家汪笑侬……

祁毛禹狄

祁（qí）

【姓氏溯源】

主要源于姬姓，出自春秋时期晋国献侯四世孙奚的封地，属于以封邑名称为氏。晋国祁氏一族还有许多分支，如祁成氏、祈夜氏、祈射氏等，后皆省文简化为单姓祁氏，世代相传，史称祁氏正宗。

【历代名人】

春秋时晋国大夫祁午，春秋晋顷公时大夫祁盈，北魏时方士祁纤，宋代画家祁序，明代大臣祁顺，明代官吏、正德进士祁敕、祁鹤，万历二十六年进士、历任工部主事、礼部郎中祁伯裕，清代官吏、地理学家、乾隆进士祁韵士……

毛

【姓氏溯源】

毛姓主要源自姬姓，西周时，周武王将弟弟叔郑封于毛国，他的子孙便称毛氏。此外，周文王的儿子伯郑被封在毛邑，为周成王的六卿之一，任司空，掌管建筑工程。伯郑的子孙便以封地为姓，世代姓毛。

【历代名人】

得姓始祖毛叔郑，战国时赵国平原君门下食客毛遂，西汉著名学者毛亨，西汉北海太守毛苌，唐代女诗人毛正美，明朝将领、左都督平辽总兵官毛文龙，清代经学家、史学家、文学家毛奇龄……

祁毛禹狄

禹(yǔ)

【姓氏溯源】

源于姒姓，出自夏朝开国君主大禹，夏禹之后，支庶以先祖谥号为姓，禹氏族人尊奉夏禹为得姓始祖。另有出自春秋时期楚国附庸国鄅国，属于以国为氏。还有回族禹氏，主要分布在我国西北陕西省安康市的恒口等地。

【历代名人】

尊禹姓的得姓始祖大禹，南北朝时常州刺史禹万城，金朝人，以战功授义胜军节度使、兼沁州招抚副使禹显，明代仁寿县知县禹祥，清代画家禹之鼎……

67

百家姓

狄(dí)

【姓氏溯源】

主要源于姮姓,出自商末周初北方民族狄族,属于以部族名称为氏。狄,在唐虞时期封黄帝之后姮姓氏族为狄氏、翟氏,始有狄族,世居北地,后在商王朝时期迁徙西河地区。周王朝时期的狄族,主要活动于齐、鲁、晋、卫各诸侯国之间,后世的子孙中有取族名的谐音汉字为姓氏者,称狄氏,世代相传。

【历代名人】

溧阳狄氏祖狄英,山西太原狄氏始祖狄仁杰,福建光明狄氏始祖狄承烈,春秋末期造酒师狄希,汉朝博士狄山,唐代扬州长史狄光嗣,宋朝名将狄青,宋代大理寺丞狄栗,清代画家狄大琛……

米贝明臧

米

【姓氏溯源】

米姓的起源有下列说法：其一，米姓来自两周时期官职；其二，米姓来自远古时期舜的后代；其三，米姓来自先秦楚国芈姓后裔，属于以音讹为氏；其四，米姓来自回族汉化改姓；其五，米姓来自满族汉化改姓。

【历代名人】

湖南新化米氏始祖米朝虎，湖南溆浦米家庄始迁祖米天明，北宋著名书画家、书画理论家米芾，北宋初期开国大将米信，南宋著名书画家米友仁，清朝著名书画家米汉雯……

贝

【姓氏溯源】

一是源于姬姓，出自周文王庶子姬奭后裔的封地郥国，属于以国名为氏。二是源于地名，出自古代贝丘地区，属于以居邑名称为氏。在先秦时期，博兴与临淄、镇江、肇庆等地皆古称浿水、浿丘等，其地住民多有以居地名称为姓氏者，称浿氏，后省文简化为贝氏。

【历代名人】

贝姓得姓始祖召公康，东汉著名宦官贝瑗，南朝梁国书法家贝义渊，唐朝画家贝俊，宋朝疏浚、治理运河、以惠政闻名的贝钦世，明朝初期应召修撰《元史》的贝琼……

百家姓

明

【姓氏溯源】

一是源于谯明氏,出自燧人氏的部下明由,属于以先祖名字为氏。上古燧人氏为部落首领的时候,他的部下有一个叫明由的大臣,是谯明氏的后裔,因为具有才能而很受燧人氏的看重,后来成为"四佐"之一。二是源于姬姓,出自春秋时期秦国丞相百里奚之子百里视(字孟明),属于以先祖名字为氏。

【历代名人】

南朝梁国东宫学士明山宾,后魏阳平太守明亮,南齐时期的隐士明僧绍,南朝梁国的名宦明遐,隋朝司调大夫明克让,清雍正四年进士、怀兰县令、献县令明冕,清朝数学家明安图,清朝画家明辰,清朝将领明安……

臧(zāng)

【姓氏溯源】

源于姬姓，出自春秋时期鲁孝公之子彄的封地臧邑，属于以封邑名称为氏。据史籍《通志》记载，春秋时期，鲁孝公姬称将自己的儿子姬彄赐封到臧邑，为子爵，称字子臧。后来，姬彄的后代子孙就用他的封邑名"臧"作为自己的姓氏，称臧孙氏，人们称为臧彄，在《史记》中称为"臧僖伯"，此后就有了臧氏一族。

【历代名人】

春秋时有臧孙辰、臧孙许、臧纥皆为官，春秋时鲁国大夫臧武仲，南朝齐史学家臧荣绪，东汉时扬州刺史臧旻，东汉青州刺史、东郡太守臧洪，明朝名人、南京兵部右侍郎臧惟一，明戏曲家、文学家臧懋循……

计 伏 成 戴

计(jì)

【姓氏溯源】

主要有源于姒姓，出自大禹后代的封地，属于以国名为氏。夏、商时期，有一个非常古老的计国，商王朝被周族吞灭后，计国的后人就以原封国名命氏以资纪念，遂成计氏，世代相传至今。

【历代名人】

得姓始祖伊尹、计然，春秋时越国学者计然，三国车骑将军计昭，宋代朝奉大夫、绍兴进士计衡，宋代右丞议郎、提举两浙西路常平茶盐公事计有功，明代衢州知府计宗道，清代诗人计默……

伏(fú)

【姓氏溯源】

源于风姓，出自春秋时期鲁国伏不齐，也称宓不齐，伏不齐，是孔子的弟子。在伏不齐的后裔子孙中，有以先祖名字为姓氏者，在古代，"宓"字和"伏"字通用，因称伏氏、宓氏，后多称伏氏，世代相传至今。

【历代名人】

伏氏始祖太昊伏羲氏，上古时期伏羲的女儿、洛水之神伏妃，东汉明帝宰相伏恭，东汉光武帝宰相伏湛，东晋官员、学者伏滔，南朝齐太学士博士、东阳郡丞、卫军记室参军伏恒……

成

【姓氏溯源】

成（郕）氏有两支，一支源于姬姓，周初，周文王嫡七子，姬叔武，封地郕国。郕叔武的后代以成为氏。还有一支源于芈姓，西周末年的战国时代，楚国君芈熊仪尊号若敖，他的庶出子孙称为若敖氏，若敖的儿子斗伯比的第三子，以父字称为成氏。

【历代名人】

春秋时代著名琴师成连，春秋时代楚国名将成得臣，汉朝的学者成公，西晋文学家成公绥，金代医学家成无己，清代评剧鼻祖成兆才，《湖南宁乡成氏续修族谱》纂修者成佑苍，《湖北新洲成氏宗谱》纂修者成郎先，《江苏宝应成氏族谱图系》纂修者成心存……

戴

【姓氏溯源】

戴姓主要有三种来源：一是出自子姓，为商朝微子启的后代。二是出自姬姓，春秋时有戴国，为姬姓诸侯国，后被宋国所灭，其族人便以戴为姓。三是由殷姓改为戴姓。四是以谥号为氏。周公旦在平定"管蔡之乱"后，封纣之庶兄子启于商的旧都，建立宋国。宋国第十一位君主死后被谥为戴公，其子孙遂以谥号"戴"为氏。

【历代名人】

春秋宋国大夫戴公，汉宣帝时博士戴德、戴圣，东晋著名美术家、音乐家戴逵，南朝宋学者戴颙，南朝宋权臣戴法兴，唐代诗人戴公怀，唐代诗人戴叔伦，清代画家戴熙，清代思想家、自然科学家、《四库全书》纂修官戴震……

谈宋茅庞

谈(tán)

【姓氏溯源】

谈姓渊源有三，一是上古周武王建立周朝后，追念先圣先王的功德，封殷帝乙长子微子启于宋为谈国，后被楚国灭亡，子孙以国为姓。二是源于姬姓，出自春秋时期晋国大夫籍谈，属于以先祖名字为氏。三是源于己姓，出自周武王给古帝少昊后裔的封地，属于以国名为氏。

【历代名人】

谈姓始祖谈子、籍谈、籍镶、惠和、谈台，古代四位女名医之一谈允贤，唐代诗人谈戭，宋代孝子谈英，宋代枢密院编修谈钥，元代诗人谈文理，明朝都御史谈恺，清代天文历算学家谈泰……

宋

【姓氏溯源】

商朝30年代君王帝乙的长子名启，又叫微子启。周武王姬发攻打商时，微子启跟从周王朝，周公把商的旧都周围地区分封给他，建立宋国，建都商丘。后来亡国后的宋国子孙，以原来国名为姓氏，就是宋姓的来源。

【历代名人】

宋姓得姓始祖微子启，战国楚国辞赋家宋玉，唐代贤相宋璟，唐代诗人宋之问，北宋文学家、史学家宋祁，明代科学家、《天工开物》

作者宋应星，清代"八大诗家"之一宋琬……

茅（máo）

【姓氏溯源】

一是主要源于姬姓，出自周朝周公第五子茅叔，属于以先祖名字为氏。二是源于姬姓，但出自春秋时期晋国大夫先茅，属于以先祖名字为氏。三是源于姬姓，但出自春秋时期邾国大夫茅夷，属于以先祖名字为氏。四是源于妫姓，出自战国末期秦国大夫茅焦，属于以先祖名字为氏。

【历代名人】

得姓始祖姬茅叔、先茅、茅夷鸿、茅焦，秦代名闻天下的神仙茅蒙，西汉道人茅盈，东汉陈留名人、"杀鸡奉母，破瑶安民"者茅容，宋代国子助教茅知至，宋代画家茅汝元，明代将官茅大芳，明代博士茅镛，明代博士茅坤……

庞（páng）

【姓氏溯源】

一是来源于封地，上古周文王子毕公高的后代，受封于庞，其子孙便以封地为姓，相传姓庞。二是源于高阳氏，出自黄帝之孙颛顼的后代，属于以先祖名字为氏。三是源于襄阳庞氏，古时襄阳有一大户，其家富盛，好为高屋，乡党荣之，曰庞高屋，后遂以庞为姓氏，子孙世代因姓庞。

【历代名人】

庞姓得姓始祖毕公高，战国初期魏国名将庞涓，三国军师、中郎将庞统，唐代居士庞蕴，唐代寿春人庞严，被誉为"北宋医王"的庞安时，北宋江陵名人庞天佑，北宋大臣庞籍，清代尚书庞锺璐……

熊 纪 舒 屈

熊

【姓氏溯源】

源于芈姓，出自商朝末期鬻熊及其后裔，属于以先祖名字为氏。还有源于有熊氏，出自黄帝的部落姓氏，属于以居邑名称为氏。据史籍《元和姓纂》记载，相传黄帝生在寿丘，长于姬水，居轩辕之丘，建都于有熊，又称有熊氏。

【历代名人】

得姓始祖鬻熊，北朝经学家熊安生，元朝文学家、音乐家熊朋来，明代大臣、兵部尚书，万历四十七年以兵部右侍郎任辽东经略熊廷弼，清初无神论者熊伯龙……

纪(jǐ)

【姓氏溯源】

上古周武王建立周朝后，追念先圣先王的功德，封炎帝的一个后代于纪，建立了纪国，到古代春秋时，纪国被齐国所灭，纪国王族子孙就以国名为姓，世代相传姓纪。

【历代名人】

得姓始祖纪侗、纪后、姜叔姬、纪隐侯，古代传说中的善射者纪昌，汉朝刘邦部将纪信，南朝齐庐陵内史纪僧真，晋元帝朝尚书令右仆射纪瞻，清乾隆年间礼部尚书、协办大学士纪晓岚……

舒

【姓氏溯源】

源于姬姓,出自西周初年周武王所封的群舒国之后裔,属于以国名为氏。春秋时期,在今江淮一带有舒、舒庸、舒蓼、舒鸠、舒龙、舒鲍、舒龚等小国,史称"群舒"。还有源于己姓,出自春秋战国时期的莒国寿舒,属于以居邑名称为氏。

【历代名人】

得姓始祖皋陶,永川舒氏始祖舒元舆,双岩之始迁祖舒绰、舒琅、舒世嗣,华阳舒氏始祖舒恒、舒怒四,贵州舒氏始祖舒德兴,宋代时称"第一教授"、进士舒瞬,南宋官吏、学者、进士舒邦佐,明代廉吏、江西德兴人、成化进士舒清……

屈

【姓氏溯源】

一是源于姬姓,出自远古黄帝后裔狂屈竖,属于以先祖名字为氏。二是源于有扈姓,出自夏王朝时期的屈骜,属于以先祖名字为氏。三是源于芈姓,出自春秋时期楚国莫敖的封地,属于以封邑名称为氏。四是源于地名,出自春秋时期晋国公子姬夷吾封地,属于汉化改姓为氏。

【历代名人】

得姓始祖屈瑕,伟大的浪漫主义诗人屈原,春秋时楚国大夫屈荡,春秋时期楚国大夫屈建,战国时期楚国将领屈匄,战国时期秦国左丞相屈盖,著名北宋将领屈遇,著名明末清初文学家屈大均,著名清朝文学家屈复,近代教育家屈伯川……

项祝董梁

项

【姓氏溯源】

项姓主要有两种来源：一是出自芈姓，是楚国王族的后裔。春秋时，楚国公子燕被封于项城，后被齐国所灭，其子孙便以项为姓。二是出自姬姓，源自周代的项国。

【历代名人】

始祖季毂，春秋时神童项橐，西楚霸王项羽，唐代诗人项斯，明代文学家、书法家项元淇，明代兵部尚书项忠，明代书画鉴赏收藏家项元汴，明代画家项圣谟，明代女诗人项兰贞……

祝

【姓氏溯源】

一是源于祁姓，出自西周武王给一支尧族后裔的封地，属于以国名为氏。二是源于己姓，祝融之后，以祖先之姓为氏。三是源于官位，出自古代掌管祭祀活动的祭司，属于以官职称谓为氏。四是源于鲜卑族，出自南北朝时期鲜卑拓跋部吐缶氏族，属于汉化改姓为氏。

【历代名人】

祝姓始祖轩辕黄帝、祝融、姬祝，东汉大臣祝恬，唐代大臣祝钦明，宋代五经博士祝象器，宋代贵州刺史祝可久，宋代监察御史祝梦熊，明代学者祝世禄，明朝书画家祝枝山……

董

【姓氏溯源】

一是源于赐姓，出自帝舜赐予颛顼后裔飂之子的姓氏，属于帝王赐姓为氏。二是源于姬姓，出自春秋时期周朝大夫辛有的儿子，属于以官职称谓为氏。三是源于己姓，出自颛顼帝之孙子吴回的后裔，属于以居邑名称为氏。四是源于地名，出自汉朝时期董泽，属于以居邑名称为氏。

【历代名人】

得姓始祖董父、参胡、董督、董承宣、董印宣，春秋时期著名的史官董狐，浙江绍兴董氏始祖董德卿，西汉著名哲学家董仲舒，西汉大司马董贤，东汉末年太师董卓，五代南唐画家董源，金朝时戏曲家董解元，明代书画家董其昌……

梁

【姓氏溯源】

一是源自地名。周平王的儿子姬唐封于南梁，即今甘肃陇西，其后代就以梁为姓。二是出自周宣王牧正的役人梁鸯，属于以封邑名称为氏。三是以国名为姓。周宣王封大臣秦仲的小儿子康到夏阳梁山，建立梁国。后秦穆公派兵攻打梁国，梁国子孙大都逃到晋国，以原国名为姓，就是梁姓。

【历代名人】

得姓始祖伯益，此外被奉为始祖的还有梁桥、嬴康、梁鸯、姬唐、魏毕、梁国儿、梁勒、梁平老、梁柱、梁彪，汉代学者梁鸿，唐代文学家梁肃，南宋名将梁红玉，北宋右司谏梁颢，明代戏曲家梁辰鱼，近代名人梁启超……

杜 阮 蓝 闵

杜

【姓氏溯源】

杜姓为帝尧的后代，西周时，周成王灭掉唐国后，将唐国国君迁到杜城，称杜伯。周宣王时，杜国又被灭掉，杜伯也被杀害。杜伯的子孙大多投奔其他诸侯，而留在杜城的就以杜为姓了。

【历代名人】

始祖杜康、姬伯、芈蒉、杜蒯，东汉南阳太守杜诗，西晋著名学者杜预，隋末起义首领杜伏威，唐朝宰相、著名政治家杜如晦，唐代佛教高僧杜顺，唐代著名诗人杜甫、杜牧……

阮（ruǎn）

【姓氏溯源】

主要源于偃姓，出自皋陶氏之后商朝诸侯阮国，属于以国名为氏。这是中华阮氏的主要起源。皋陶有后裔子孙在商王朝时期被封在阮国，阮国灭亡后，原阮国王族相约以国名为姓氏，称为阮氏。

【历代名人】

得姓始祖皋陶，东汉名人阮肇，东汉文学家、"建安七子"之一阮瑀，三国时魏国文学家、名士阮籍，魏晋间名士阮咸，历史著作《七录》作者阮孝绪，唐朝末年镇江南大将军阮枞江，清朝乾隆五十四年进士阮元……

蓝

【姓氏溯源】

一是源于嬴姓，出自远古贤者伯益之后裔秦子向的封地，属于以封邑为氏。二是源于姜姓，蓝氏祖先为炎帝十一世孙昌奇，昌奇是帝榆罔之子，赐姓曰"蓝"。三是源于姜姓，出自战国时期狄族中山国大夫厘诸君，属于以封邑地名为氏。

【历代名人】

唐开元元年癸丑科进士、补谏议大夫蓝采和，宋代学者、进士蓝奎，明朝开国名将蓝玉，明代成化二十年进士蓝章，明代学者、正德进士蓝瑞，明末清初画家蓝瑛，清朝康熙年间的名将蓝理，清代福建水师提督蓝廷珍……

闵(mǐn)

【姓氏溯源】

一是源于姬姓，出自春秋时期鲁庄公之子子开，属于以谥号为氏。二是源于姬姓，出自春秋时期孔子弟子闵损之后，属于以先祖名字为氏。三是源于地名，出自春秋时期宋国闵邑，属于以居邑名称为氏。闵邑，是夏、商时期的古有缗国所在地。有缗国君主为姚姓，是虞舜的后裔，属于东夷族世系。

【历代名人】

得姓始祖姬启，春秋末期鲁国人、孔子高徒闵子骞，西汉光武帝以军功封关内侯、官至辽东太守闵业，汉末冀州别驾闵纯，三国仕吴为尚书闵鸿，唐代文学家闵延言，唐代将领闵顼，元朝吏部尚书闵本，明朝天顺八年进士、御史闵珪，清朝乾隆进士闵鹗元……

席 季 麻 强

席

【姓氏溯源】

席氏渊源主要有三，一是源于已姓，出自上古尧之师席师的后代，属于以先祖名字为氏。二是源于姬姓，出自春秋晋国大夫籍谈后裔，属于因谥改姓为氏。三是源于官位，出自两周时期官吏衽席，属于以官职为氏。

【历代名人】

得姓始祖席师，北周骠骑大将军席固，唐朝时期襄阳诗人席豫，宋朝元丰年间中进士席旦，明代四川进士席书，清朝太子少保席宝田，清代女画家席文卿，清朝女诗人席佩兰……

季

【姓氏溯源】

一是源于姬姓，出自春秋时期吴国公族季札，属于以先祖排行称谓为氏。二是源于姬姓，出自春秋时期鲁国大夫季友，属于以先祖名字为氏。三是源于芈姓，出自上古颛顼帝的后代季连，属于以先祖名字为氏。四是源于生序，出自兄弟排行，即"伯、仲、叔、季"。

【历代名人】

季姓得姓始祖季札，楚汉战争时项羽部将季布，唐代右散骑常侍季广琛，宋代官吏、学者季复，宋代学者、官吏季陵，明代大孝子季厚礼，明代大臣、学者季本，明代官吏、进士季寓庸……

麻 (má)

【姓氏溯源】

一是源于芈姓，出自周朝时期，楚国君主封给楚国大夫的封地麻邑，属于以封邑地名为氏。二是源于地名，出自战国时期秦国麻邑，属于以居邑名称为氏。三是源于官位，出自唐朝时期降麻官，属于以官职称谓为氏。四是源于回族，属于汉化改姓为氏。回族中的麻氏，多取自经名首音。如麻速忽、麻合马之后裔姓麻。

【历代名人】

得姓始祖麻婴，汉代《论语》注者麻达，后赵征东将军麻秋，明朝将领麻贵，宋朝进士麻九筹，唐代画家麻居礼，唐代诗人麻温其，北宋临淄人、学者麻仲英，元代诗人麻革，明代御史麻永吉，明代嘉靖大同参将麻禄……

强 (qiáng)

【姓氏溯源】

一是源于姬姓，出自黄帝玄孙禺彊，属于以先祖名字为氏。因古代"彊"与"强"二字相通，所以后来简笔改为强氏。二是源于姬姓，出自春秋时期郑国大大夫强鉏，属于以先祖名字为氏。三是源于姜姓，出自春秋时期齐国公族公孙强，属于以先祖名字为氏等。

【历代名人】

得姓始祖禺彊、强鉏、公孙强、斗强、昭子郢、彊梁、魏繦（魏强）、王梁，唐朝凤州人、雍州司户参军强循，著有《印论》《印管》《医案》《伤寒直指》等书的北宋学者强至，金朝天兴初任中京元帅府签事强伸，清代著作家强行健……

贾 路 娄 危

贾（jiǎ）

【姓氏溯源】

贾氏的始祖叫贾公明，号为贾伯，是唐叔虞的少子姬公明。以周康王继位时算起，到被晋武公所灭，贾公明及其子孙统治了贾国共计342年。晋武公灭贾国后，其姓氏皆称贾氏，世代相传。

【历代名人】

西汉政论家、文学家贾谊，西汉水利专家贾让，东汉经学家、天

文学家贾逵，三国曹魏末期至西晋前期重臣贾充，北魏杰出的农学家贾思勰，唐代著名诗人贾岛，唐朝时期诗人贾至，北宋数学家贾宪，著名政治家、地理学家贾耽……

路

【姓氏溯源】

一是黄帝后裔玄元因功封为路中侯，建路国，历经虞舜时期和夏王朝一直为侯爵，其子孙以国名为姓氏，称路氏，是非常古早的姓氏之一。二是源于姜姓，出自为炎帝的后代支子的封地潞地，属于以封邑名字为氏。三是源于地名，出自汉朝时期路县，属于以封邑名字为氏。

【历代名人】

路姓得姓始祖玄元，河东路氏始祖路希升，江苏武进路氏始祖路纯礼，贵州路氏始祖路瀛州，山东淄博路氏始祖路通，宋代画家路皋，南宋官吏、广西提刑路彬……

娄（lóu）

【姓氏溯源】

娄姓渊源主要有：夏王朝覆灭时，夏桀之子姒仲和、姒仲礼兄弟俩避祸于会稽山，以牧牛为生，因此改姓为娄氏。源于姒姓，出自大禹后代封地，属于以封邑名称为氏。源于姒姓，出自远古大禹帝臣子犁娄氏，属于以先祖名字为氏。源自春秋时期齐国隐士赣娄子，属于以先祖名字为氏。

【历代名人】

得姓始祖杞简公、犁娄、赣娄子、离娄，刘邦谋士娄敬，曹操谋士娄圭，北齐娄太后，魏朝赠司徒、齐受禅，追封太原王娄昭，唐朝大臣、监察御史娄师德，唐朝名将娄殿邦，宋代官吏、徽宗进士娄寅亮，宋代官吏、度宗进士娄南良，明代著名理学家娄谅……

危

【姓氏溯源】

危姓渊源有三：一是源于姬姓，出自西周周武王庶子，属于以帝王赐姓为氏。二是源于姒姓，出自两汉之际大司空甄丰之子甄寻，属于避难改姓为氏。三是源于缙云姓，出自蚩尤后裔三苗，属于以居邑名称为氏。

【历代名人】

得姓始祖郎（饕餮）、危某生、甄寻，著名唐朝末期将领、地方割据势力首脑危全讽、危仔昌，著名元代书法家危德馨，著名宋朝大臣危昭德，著名宋朝大臣、词人危稹，著名宋朝官吏危和，元末明初史学家、书法家、文学家、诗人危素，著名明朝书法家危进……

江 童 颜 郭

江

【姓氏溯源】

江姓主要来自嬴姓，舜帝时，伯益因辅佐大禹治水有功，被赐为嬴姓。西周时，伯益的后裔受封于江，建立江国。春秋时，江国为楚国所灭，其子孙便以国为姓。

【历代名人】

江姓得姓始祖江元仲，东汉名士江革，南朝宋齐间士族名流江斅，南朝梁时文学家江淹，南北朝时期北魏丞相江瞻，唐朝诗人江采萍，南宋画家江参，清代著名经学家、音韵学家江永……

童

【姓氏溯源】

童姓渊源有四：源于姬姓，出自黄帝之孙颛顼之子老童，属于以先祖名字为氏。源于风姓，出自春秋时期晋国大夫胥童，属于避难改姓为氏。源于地名，出自春秋时期郲国夫童邑，属于以居邑名称为氏。源于董氏，出自东汉王朝末期郿侯董卓，属于避难改姓为氏。

【历代名人】

得姓始祖老童、胥童，福建连城童氏始祖童十三郎，唐代名士童宗说，宋代太师童贯，宋代学者童佰羽，明朝著名的科学家、文学家童轩，清代知县童叶庚……

颜

【姓氏溯源】

主要源于曹姓，陆终之后。据《陈留风俗传》及《通志·氏族略》等载，出自古邾国国君曹夷父，属于以先祖名字为氏。第一个以颜为姓的人是夷甫的次子小邾国国君颜友。还有源于姬姓，出自春秋时期的鲁国颜邑，属于以封邑名称为氏。

【历代名人】

颜姓得姓始祖尊夷，春秋时鲁国贤人颜回，南朝宋文学家颜延之，南北朝时文学家、教育家颜之推，唐代学者、训诂学家、官至中书舍人颜师古，唐代官吏、学者、历官侍郎、华州刺史颜昭甫，唐代大臣、书法家颜真卿，宋代画家、官吏颜复，清代闽浙总督颜伯焘……

郭

【姓氏溯源】

源于姬姓。西周时期，武王封其叔虢仲于陕西宝鸡，称西虢国，西虢、东虢、南虢等三国和北虢郭公之后均有郭姓。郭姓还缘于居住在城郭外的人。回族郭姓的祖先是西域波斯人伊本·库斯·德广贡·纳姆，汉名叫作郭广德。

【历代名人】

得姓始祖虢序，燕昭王客卿、谋士郭隗，战国大工商业者郭纵，西汉游侠郭解，东汉教育家郭泰，三国魏曹操之谋士郭嘉，东晋训诂学家郭璞，后周开国皇帝郭威，唐朝名将郭子仪，元代杰出的天文学家、水利学家和数学家郭守敬……

梅 盛 林 刁

梅

【姓氏溯源】

殷商时，商王太丁封他的弟弟于梅为伯爵，世称梅伯。他对纣王的荒唐行径多次提出批评，结果触怒纣王被废黜，后又以酷刑杀死。周武王灭商以后，又封梅伯的后裔于黄梅，其支庶子孙便以封地命姓，称梅姓。

【历代名人】

得姓始祖梅伯，东晋儒学家梅赜，宋文学家梅尧臣，明代经学家梅鷟，明代戏曲家梅鼎祚，明代进士梅月，万历三十二年举进士梅之焕，清代天文学家、数学家梅文鼎，清代古文学家梅曾亮……

盛(shèng)

【姓氏溯源】

系出姬姓。周初，武王封文王第七子郕叔武于郕，建立郕国。公元前408年为齐国所灭，其子孙以国为氏，即盛氏。还有奭姓后人在西汉时避汉元帝刘奭的名讳，改称盛氏，世代相传至今，史称盛氏正宗。

【历代名人】

东汉会稽郡人、廷尉盛吉，三国时名士盛宪，宋朝学者盛度，北宋朝奉郎盛子充，元代后期著名画家盛懋，明代画家盛琳，清代画家盛汇黄，《浙江富阳富春上馆盛氏宗谱》作者盛世恩，《安徽南陵漳溪盛氏宗谱》纂修者盛廷祯……

林

【姓氏溯源】

相传比干原是商朝王室成员，在商纣王时担任少师之职，以忠正敢言知名。纣王昏庸无道，他多次进言匡谏，后来因此获罪，被剖心而死。夫人陈氏为躲避官兵追杀，逃难于长林石室，生子名坚，因生于林被周武王赐以林为姓，史称林坚，被林姓人尊为受姓始祖。

【历代名人】

得姓始祖林坚，鲁国太傅林放，战国时赵国宰相林皋，西汉宣帝时博士林遵，福建历史上第一位状元林慎思，北宋诗人林逋，明代进士林文秩，明嘉靖壬辰科状元林大钦，清代政治家、思想家和诗人林则徐，清代云南巡抚林鸿年，近代文学家、翻译家林纾……

刁(diāo)

【姓氏溯源】

刁姓源头有四：一是出自周朝时期的诸侯国雕国，属于以国名为

百家姓

氏。据史籍《姓苑》记载："刁，弘农郡，系出姬姓。文王同姓有雕国，后更为刁氏。二是源于职业，出自古代考工雕人之后，属于以职业称谓为氏。三是源于姬姓，出自春秋时期孔子门生漆雕开之后裔，属于以先祖名字为氏。四是源自春秋时齐国大夫竖刁。齐国大夫竖刁为齐桓公宠臣，曾与管仲一起辅佐齐桓公建立霸业。他的后代子孙便以祖上名字为姓，成为刁氏。

【历代名人】

刁姓始祖竖刁，西汉大工商业主刁闲，东汉大臣、桓帝时侍御史刁题，东晋大臣、尚书左仆射、尚书令刁协，东晋大臣刁彝，北魏官吏刁整，唐代画家刁光，元代将领刁通，元代本路总管刁代，明太祖朱元璋先锋将军刁国宝，清代学者刁再濂，清代书法家刁戴高……

钟 徐 邱 骆

钟

【姓氏溯源】

钟姓主要有四个来源：出自姬姓，伯州犁居钟离故曰钟离，即钟氏，钟子期即其后。源于嬴姓，为复姓钟离所改。出自周王朝时期伯益后人的封地，属于以国名为氏。源于芈姓，楚公族钟建封于钟吾国，其后为钟吾氏，后简写为钟氏。源于羌族和吐谷浑部落等，属于汉化改姓为氏。

【历代名人】

钟姓受姓始祖钟烈，春秋时期楚国名人钟子期，战国时期齐国名人钟离春，三国魏大臣、大书法家钟繇，三国时魏国谋士钟会，南朝文学批评家钟嵘，唐代宰相钟绍京，清代翻译家钟天纬……

徐

【姓氏溯源】

徐姓来源较为单一，主要出自嬴姓，始祖是伯益的儿子若木。夏禹时，若木被封于徐，建立了徐国。春秋时，徐国被吴国所灭，其子孙便以国为姓。

【历代名人】

得姓始祖徐若木，唐朝将领徐世勣，唐代英国公、柳州司马徐敬业，明代文学家、书画家徐渭，明朝开国军事统帅徐达，明代科学家徐光启，明代旅行家徐霞客……

邱

【姓氏溯源】

　　源流一：因姜子牙封于齐地，建都营丘，其支庶居于营丘者，遂以丘为氏，世居扶风，其历史至少有3000年。到了清朝，清廷规定，为避孔子的名讳，避免直接写出孔子的名，除四书五经外，凡遇"丘"字。一律加"耳"旁为邱。清朝灭亡后，诗人丘逢甲倡议恢复本姓，于是邱、丘二姓并存。源流二：古人以地名如梁丘、陶丘、宛丘、闾丘、余丘为氏。

【历代名人】

　　汉武帝时的善卜者丘子明，西汉宣帝郎中丘常，西汉著名文学家丘仲，唐朝左武侯大将军、稷州刺史、谭国公丘和，南宋学者邱富国，元代全真道北七真人之一邱处机，明朝大将军丘福……

骆

【姓氏溯源】

　　骆姓来源主要有三：源于姜姓，出自齐国姜太公之后裔公子骆，属于以先祖名字为氏。源于嬴姓，出自殷朝纣王时大臣恶来之玄孙大骆，属于以国名为氏。源于姬姓，出自春秋时期郑国大夫王孙骆之后，属于以先祖名字为氏。

【历代名人】

　　得姓始祖姜太公、嬴大骆、姬骆、妫摇，三国时吴国名将骆统，南朝陈将领骆牙，唐代文学家骆宾王，唐代名士、扬州士曹骆峻，五代吴大臣、理财家骆知祥，明初官吏、洪武年间进士骆仕廉，明代官吏、学者、万历年间进士骆日升，清朝大臣骆秉章……

高 夏 蔡 田

高

【姓氏溯源】

高姓最早出现在上古黄帝时期，"黄帝臣高元作宫室"。高姓主要源于姜姓，出自西周时期的齐文公吕赤之子公子高。春秋时期，姜子牙的六世孙齐文公吕赤之子受封于高邑，称为公子高。其后代即以先人封邑为姓。

【历代名人】

燕国侠士高渐离，吕布帐下中郎将高顺，三国时期东莱侯高览，北齐神武帝高欢，唐朝宰相高士廉，明户部右侍郎、诗人高启，清礼部侍郎、康熙帝师高士奇……

夏

【姓氏溯源】

相传帝尧时，禹治理水患，使人民得以安居乐业。为了表彰他的丰功伟绩，舜封他于夏，后来还把帝位传给了他。夏禹死后，其子启继位，建立了我国历史上第一个奴隶制国家——夏朝，夏王族便以国为氏。

【历代名人】

汉武帝时零陵太守夏勤，东汉光武帝时学者夏恭，南宋杰出画家夏圭，元代教育家夏友兰，明代政治家、文学家夏言，明代著名画家夏昶，明朝大臣夏原吉，明代爱国诗人夏完淳，清代文学家、诗人夏燮……

蔡

【姓氏溯源】

蔡姓主要有两个来源：一是出自姞姓，为黄帝的后裔，在部落中担任祭祀的职责，具有很高的地位。蔡、祭二字古代通用，故蔡出自祭。二是出自姬姓，周武王灭商后，将叔度封于蔡地，蔡叔度便为蔡姓始祖。后蔡被楚国灭掉，其子孙便以国为姓。

【历代名人】

战国秦相国蔡泽，东汉造纸术的发明者蔡伦，汉代学者蔡千秋，东汉时著名文学家、书法家蔡邕，东汉女诗人蔡文姬，东汉女诗人蔡琰，唐代诗人蔡希周，宋代杰出书法家蔡襄，南宋理学家蔡元定，清代诗人、书法家蔡之定，清末洋务派蔡锡勇……

田

【姓氏溯源】

渊源主要有四：一是源于官位，出自西周时期官吏田仆，属于以官职称谓为氏。二是源于官位，出自西周时期官吏田正，属于以官职称谓为氏。三是源于姚姓与妫姓，舜帝有虞氏后裔，此为汉族田姓的大源流。四是源于地名，出自春秋时期鲁国之邑许田，属于以居邑名称为氏。

【历代名人】

春秋末期齐国著名军事家田穰苴，战国时齐国大将田单，战国时思想家田骈，战国时齐国大臣田文，秦末齐国贵族田横，西汉易学的开创者田何，明初农民起义军首领田九成，清代大臣、历任山西布政使、河南巡抚、河南总督、兵部尚书、河东总督田文镜……

樊 胡 凌 霍

樊 胡 凌 霍

樊（fán）

【姓氏溯源】

上古汤王灭夏建立了商朝。商朝王族的后代传到商纣王时，分成了七个大族，其中有一族姓樊。纣王残暴昏庸，被周武王打败，周武王就将商朝七大族都迁到山东、山西一带居住，樊姓就在这里传承下来。

【历代名人】

春秋时鲁国人、孔子弟子樊迟，战国时秦国大将樊於期，西汉的名臣樊哙，大唐开国功臣、历左骁卫将军、赤水道行军总管、左监门大

将军樊兴，清朝政治家、文学家、著名诗人樊增祥……

胡

【姓氏溯源】

渊源主要有三：源于妫姓，出自舜帝的33世后裔妫满，封于陈地。陈国公族后裔多有以先祖谥号为姓氏者，或以封地"胡"为氏，称胡氏。源于归姓，出自商、周时期归夷族，属于以国名为氏。源于官位，出自西周与春秋战国时期官吏胡史，属于以官职称谓为氏。

【历代名人】

秦朝太史令胡毋敬，南宋政治家、文学家，枢密院编修官胡铨，西晋大将胡奋，唐代诗人胡曾，北宋理学家、思想家及教育家胡瑗，明代开国功臣、丞相胡惟庸，明朝工部尚书胡松，晚清中兴名臣之一、湘军将领胡林翼……

凌

【姓氏溯源】

主要渊源有四：源于地名，出自远古帝王伏羲氏的诞生之地凌，属于以居邑名称为氏。源于姚姓衍生姬姓，出自周文王姬昌的后裔，属于以官职名称为氏。源于官位，出自西汉时期官吏陵令，属于以官职称谓为氏。源于官位，出自东汉、曹魏时期官吏凌江将军，属于以官职称谓为氏。

【历代名人】

凌姓始祖康叔，三国时期吴国将领凌统，宋朝召拜右谏议大夫、集贤殿学士凌策，明代文学家、小说家和雕版印书家凌濛初，清代起义军首领凌十八，明代御医凌云，清代画家凌瑚，清代学者凌如焕，清朝康熙年进士、礼部侍郎、《康熙字典》编修官凌召文……

霍(huò)

【姓氏溯源】

一是出自春秋时期霍阳山，属于以居邑名称为氏。霍阳山，是春秋时期非子后裔的嬴姓封国梁国的一个地方。霍阳山周围地区在当时皆称"霍"，当地人便以霍为姓。还有出自春秋时期霍山令，属于以官职称谓为氏。霍山令，就是春秋乃至汉朝时期管理霍山的令尹，是个古老而传袭很久的官职。

【历代名人】

得姓始祖姬处、霍叔，西汉大将霍去病、封侯拜相的文官霍光，三国时蜀汉将领霍峻，元朝延祐五年左状元霍希贤，明朝尚书霍韬，明朝袁州知府霍子衡，明代画家霍元瞻……

虞万支柯

虞(yú)

【姓氏溯源】

一是源于姚姓，出自上古五帝最后一位禅让制帝王舜帝姚重华之子商均，以国名为氏。二是源于姬姓，出自西周初年仲雍庶孙的封地，属于以国名为氏。三是源于官位，出自西周时期官吏虞衡，以官职为氏。

【历代名人】

东阳永宁虞氏始祖虞克文，莲溪虞氏始祖虞一龙，无锡虞氏始祖虞万发，华溪虞氏始祖虞元吉，战国时说客虞卿，西汉方士虞初，三国时吴国学士虞翻，唐朝开国功臣虞世南……

万(wàn)

【姓氏溯源】

一是源于姬姓，出自周王朝芮伯的后裔芮伯万，属于以先祖名字为氏。二是出自春秋时期晋国大夫毕万，属于以先祖名字为氏。还有南北朝时期北魏鲜卑拓跋部有复姓叶万氏、万纽于氏等部落，随北魏入主中原后，在汉化改革过程中皆改为汉字单姓万氏，相传至今。

【历代名人】

部分得姓始祖芮伯万、任万、复姓叶万氏、吐万氏、万纽于氏、万俟氏，战国时期孟子门下的得意弟子万章，明代武臣世袭宁波指挥佥事万表，清代著名史学家万斯同，清朝文学家万树……

支

【姓氏溯源】

支姓主要源流主要有五：源于子姓，出自尧、舜时期的隐士子州支父，属于以先祖名字为氏。源于姬姓，出自周朝姬姓后代姓支的氏族，属于以先祖谱序为氏。源于妫姓，出自夏王朝时期大夫郭支，属于以先祖名字为氏。源于月氏部族，出自西汉朝时期月支族人的后代，属于汉化改姓为氏。源于国名，出自春秋战国时期析支国人的后代。

【历代名人】

得姓始祖子州支父、郭支、支谶，著名汉朝大儒支曜，东汉末年佛经翻译家支越，东晋十六国时期后赵将领支雄，唐朝时期文士支叔才，五代时期前蜀画家支仲元，宋朝崇宁癸未年登进士支郝龄……

柯（kē）

【姓氏溯源】

一是源于姜姓，出自齐国始君姜子牙的后裔子孙，属于以居邑名称为氏。春秋时齐襄公将柯邑封给自己的一个儿子，其后便以封邑名称为姓氏，称柯氏。二是出自姬姓，始成于春秋，或以先祖名字为氏，或以邑为氏。远在黄帝时期，黄帝后裔仲雍的五代孙吴国国王名叫相，因与诸侯会盟柯山，故号柯相。吴国柯卢是柯相的曾孙，其后代遂以"柯"字为姓氏。

【历代名人】

唐高宗永徽四年任江南刺史、后升镇国安化军节度使柯应诚，南宋梅州知州柯宋英，元朝书画家柯九思，明朝历史学家柯维骐，明代监察御史柯崧林，著名清朝清官柯抡……

昝 管 卢 莫

昝（zǎn）

【姓氏溯源】

　　主要渊源有四：源于子姓，出自商王朝初期土正暜单，属于以先祖名字为氏。源于姬姓，出自春秋时期晋国大夫舅犯，属于以封邑名称为氏。源于地名，出自战国时期越国于暜，属于以居邑名称为氏。源于蜀族，出自春秋时期蜀中有昝部落，属于以部落名称为氏。

【历代名人】

　　得姓始祖暜单、舅犯，商汤辅佐之臣昝单，东晋将领昝坚，唐代妇产科医学家昝殷，唐代博士昝商，五代及宋初官吏昝居润，明万历举人昝学易，明代学者昝如心，清书画家昝茹颖……

管

【姓氏溯源】

　　来源于周文王的第三子。武王灭商以后建立了周朝，把叔鲜封在管，建立了管国，后管叔因作乱被杀，他的后代就用以前他的封地名"管"作为姓氏。

【历代名人】

　　得姓始祖管叔鲜、管仲，如牟管氏始祖管重和，三国时期魏国学者管公明，三国时期魏国学者管宁，宋代吏部尚书管师仁，宋代官吏管及，明代官吏管时敏，清代学者管廷祚……

卢

【姓氏溯源】

一是源于姜姓，以邑名为氏。春秋时期齐国文公子名高，食采于卢邑，其后人以卢为氏。二是源于姬姓，以封邑名称为氏。东周时期，舅犯助晋文公姬重耳战胜楚国，因功封邑于昝邑，后人以卢为氏。三是以国为氏。春秋时期，有庐子国，卢氏为庐子国戢黎之后。

【历代名人】

西汉王朝功臣、燕王卢绾，东汉大臣卢植，北周大将军卢辩，隋代散骑侍郎卢思道，唐朝诗人卢纶，"初唐四杰"之一卢照邻，唐代状元卢肇，唐代开元魏州刺史卢晖，唐代诗人卢仝，道光初年历任湖广总督、两广总督卢坤……

莫（mò）

【姓氏溯源】

一是出自春秋时期楚国莫敖之官职，属于以官职称谓为氏。芈姓为祝融八姓之一，亦出自颛顼。二是出自上古圣君虞舜之祖虞幕，虞幕是历史上第一个发明帐幕的人。幕是上古圣君虞舜之祖，莫氏和幕氏同宗同源，该支莫氏只是幕氏的简笔形式。三是属于以居邑名称简笔为氏。该支莫氏，起源于汉朝时期鄚县。

【历代名人】

东汉左将军莫含，宋代的官吏莫琮，宋代官吏、学者莫蒙，明代书画家莫胜，明代官吏莫骏，清代《湖南长沙善化莫氏续修族谱》纂修者莫国铭、莫文锟，清代《湖南武陵莫氏四修族谱》纂修者莫可虞，《浙江萧山莫氏宗谱》纂修者莫巨鳐、莫纪芳……

经 房 裴 缪

经（jīng）

【姓氏溯源】

经姓渊源主要有四：源于姬姓，出自春秋时期周王室大夫经侯，属于以先祖名字为氏。源于姬姓，出自郑武公小儿子共叔段的封地京，属于避难改姓为氏。源于嬴姓，出自汉朝时期易学大师京房，属于避难改姓为氏。源于芈姓，出自东汉光武帝刘秀的族父刘歆，属于以先祖名字为氏。

【历代名人】

得姓始祖浙江上虞经氏宗谱祖经候、姬叔段，《浙江上虞经氏宗谱》纂修者经同昌，《浙江古虞驿亭经氏族谱》纂修者经元善，明代孝子经承辅，清代将领经文岱，清代画家经纶……

房（fáng）

【姓氏溯源】

房姓主要出自陶唐氏，是尧的后代，以国名为氏。尧没有把帝位交给丹朱继承，而是禅让给了立有大功的舜。舜继位以后，封丹朱于房，史称房陵，为房邑侯。其子孙袭封后以封地为姓，后代遂为房姓。

【历代名人】

得姓始祖房陵，后魏司空参议房坚，唐玄宗、肃宗两朝宰相房琯，通州卫指挥佥事房胜，前蜀画家房从真，南朝宋建微府司马房元庆，唐代名相房玄龄，明代名将房宽……

裘(qiú)

【姓氏溯源】

裘姓起源有多种，但据中华裘氏宗亲联谊总会考证，较为公认的说法为自仇氏仇牧而来，推叔丰公，字温仲为姓氏始祖，距今约2700多年。春秋时候，卫国有一位大夫名叫食，他被分封在裘邑，称裘侯，其后世子孙便以居住地为姓，遂成裘氏一族。故裘氏后人尊裘侯为裘氏的得姓始祖，史称裘氏正宗。

【历代名人】

裘姓始祖子姓仇氏、裘氏、求氏三支同宗同源，周朝贤人裘牧仲，汉代名人裘仲，南迁始祖西晋黄门侍郎裘睿，北宋进士、官朝奉大夫裘诸野，宋代诗人裘万顷，乾隆年间进士裘曰修，清代徐州镇总兵裘安邦，清代康熙进士裘琏……

缪(miào)

【姓氏溯源】

源于姬姓，出自春秋时期秦国的国君秦穆公，属于以先祖谥号为氏。还有源于官位，出自秦、汉时期官吏缪吏，属于以先祖谥号为氏。商朝末年，纣王无道，缪、颜两姓因此弃官隐于洛阳山谷，改姓廖，留形表示不忘本源。直到商朝灭亡后，其中一部分人才恢复了原来的缪姓。

【历代名人】

得姓始祖秦穆公、召穆公，汉代长沙内史缪生，三国时期魏国文学家缪袭，南宋理宗绍定二年状元缪蟾，明代医药学者缪希雍，清代诗画家缪谟，清代第十二位状元缪彤，清代女画家缪嘉惠……

干 解 应 宗

干（gān）

【姓氏溯源】

主要渊源有三：源于姬姓，出自周时期的古邗国，属于以国名为氏。源于兵器，出自春秋时期神兵干将，属于以器物名称为氏。源于子姓，出自春秋时期宋国大夫干犨，属于以先祖名字为氏。

【历代名人】

得姓始祖干犨、邗叔、段干木，春秋末著名冶匠干将，晋将军干瓒，晋代大夫干仇，唐朝名人干彦思，夏国中书宰相干道冲，元代同金枢密院事干勒忠……

解（xiè）

【姓氏溯源】

源于姬姓，出自周武王之孙解良的封地，属于以封邑名称为氏。西周初期，周武王姬发的儿子唐叔虞之子姬良受封于解邑，姬良此后生活采食于解邑，古称"河东解邑"。据史籍《万姓统谱》《通志·氏族略》等记载，解氏出于姬姓，历史悠久，可追溯到中华民族始祖轩辕黄帝。

【历代名人】

得姓始祖解良，北夫余国的第一代国王解慕漱，魏国琅邪太守解修，晋国大夫解扬，唐代御史大夫解琬，五代时期南唐画家解处中，宋代镇抚使解潜，明代翰林学士、洪武进士解缙……

应(yīng)

【姓氏溯源】

应姓来源有四个：一是源于姬姓，出自周武王姬发之后，属于以封邑名称为氏。二是源于官位，出自西周时期应乐史，属于以官职称谓为氏。三是源于官位，出自西周时期应门史，属于以官职称谓为氏。四是源于其他少数民族，属于汉化改姓。

【历代名人】

得姓始祖应候，汉初淮阳山隐士应曜，东汉河南尹、冀州刺史应顺，汉代江夏太守应叠，武陵太守应郴，武陵太守应奉，东汉政治家、军事家、法学家应劭，三国魏文学家应玚，三国魏文学家应璩，宋代天文学家应垕，清道光二十四年举人应宝时……

宗

【姓氏溯源】

主要源于春秋时期宋国国君宋桓公之子敖在晋国任职，敖的孙子伯宗为晋国大夫，因勇于直言遭人嫉恨而被三郤所杀。他的儿子州犁逃到楚国，州犁的小儿子连，迁居于南阳，便以祖父之字为姓，称宗氏。

【历代名人】

得姓始祖伯宗，东汉天文学家宗绀，东汉建武初为五官中郎将宗均，南朝宋时杰出的书画家宗炳，唐代大臣、宰相宗楚客，南宋杰出政治家、军事家宗泽，南宋豫州刺史宗悫，明代名宦、嘉靖进士宗臣，清代书画家宗元鼎……

百家姓

丁 宣 贲 邓

丁（dīng）

【姓氏溯源】

主要源于姜太公的儿子姜伋，姜伋在周成王姬诵执政时期时为周王朝重臣，对周王朝有辅佐大勋。姜伋逝世后，周王室敕封其谥号为"丁公伋"，其后裔子孙便以其谥号为姓氏，称丁氏，史称丁氏正宗。

【历代名人】

得姓始祖丁公伋，汉代著名儒者丁恭，北宋藏书家丁岂，明代兵部尚书丁启睿，清代文学家丁耀亢，清代节度水师、事务大臣丁日昌，清代北洋水师提督、爱国军事家丁汝昌……

宣

【姓氏溯源】

宣姓渊源有三：源于姬姓，出自周王朝时期周厉王之子姬静，属于以谥号为氏。源于子姓，出自春秋时期宋国国君子力，属于以帝王赐号为氏。源于地名，出自秦、汉时期古宣州，属于以居邑名称为氏。

【历代名人】

著名东汉大臣宣秉，唐朝状元宣珍之，著名宋朝画家宣亨，明代中书舍人宣嗣宗，明朝四川参政宣温，明朝廉吏宣仲庸，晚清小说家、戏剧家、诗人、画家宣鼎，清末著名学者、文学家、文字学家、书法家、教育家宣澍甘……

贲（bēn）

【姓氏溯源】

主要源于姬姓，出自春秋时期鲁国县贲父，属于以先祖名字为氏。据史籍《名贤氏族言行类稿》记载，贲氏起源于春秋鲁国，鲁国在鲁庄公执政时期，有一个贵族叫县贲父，是鲁庄公的亲信大夫。在县贲父的后裔子孙中，有以先祖名字为姓氏，称贲氏，世代相传至今，史称贲氏正宗之一。

【历代名人】

贲姓得姓始祖县贲父、苗贲父，汉代将军贲赫，汉代名士贲嵩，汉代学者贲丽，汉代学者贲生，元代宣武年间的将领贲长恩，元代行军千户贲亨……

邓

【姓氏溯源】

殷时，邓氏一支发展成以邓为名的侯国。邓国历史悠久，直至战国时代，才被楚国所灭。其子孙便按当时的习惯，"以国为氏"将此姓传了下来，就是邓氏。还有黄帝的子孙本来姓姬。邓姓虽然也属黄帝子孙，但由于该姓源于帝喾的儿子契的系统，所以人们认为邓姓源于子姓。

【历代名人】

殷商三山塘关总兵邓九公，春秋战国郑国大夫、著名教育家、思想家邓析，东汉大臣邓禹，曹魏名将邓艾，元代思想家邓牧，明代抗倭将领邓子龙，清代杰出书法家、篆刻家邓石如，清代海军名将邓世昌……

郁 单 杭 洪

郁(yù)

【姓氏溯源】

主要源于姬姓，出自春秋时期鲁国宰相郁黄之后，属于以先祖名字为氏。春秋时鲁国有个宰相叫郁黄，受封于黎阳，史称"黎阳公"。还有源于子姓，出自古春秋时期吴国大夫郁伯之封地，属于以封邑名称为氏。

【历代名人】

得姓始祖郁华、郁黄、郁伯，明代户部尚书郁新，明代校勘家郁文博，明正德年间进士、授刑部主事郁采，明代画家郁勋，清代诗人郁贞，清代"神童"郁植……

单(shàn)

【姓氏溯源】

一是源于姬姓，出自周朝时期周成王给小儿子臻的封地，属于以封邑名称为氏。二是源于姬姓，出自周文王姬昌族弟的土地，以地名为姓。三是源于姬姓，出自远古时期商贤哲单卷的后裔，属于以先祖名字为氏。四是源于姬姓，出自东周时期卿大夫单伯之后，属于以先祖谥号为氏。

【历代名人】

始祖单迹、单卷、单于，东汉末期人物单经，东汉显宦、中常侍单超，唐代"飞将"单雄信，唐代官吏、玄宗时魏州刺史单思远，宋代殿中侍御使单时,清代同治年间文渊阁大学士单懋谦……

杭

【姓氏溯源】

杭姓源出有二:一是出自姒姓,是大禹的后代,以国名为氏。大禹治水大业完成后,留下很多船只,他把这些船只交给他的一个儿子管理,并将其封在全航这个地方,其子孙就将"航"去舟加木写成"杭",并自称为杭氏,世代相传。二是出自抗姓,抗、杭同源,改抗姓为杭姓。

【历代名人】

杭姓的得姓始祖杭徐伯,东汉中郎将、封东乡侯、长沙太守杭徐,明朝中丞杭淮,明朝都督同知杭雄,明朝时期的诗人杭济,清朝著名学者杭世骏……

百家姓

洪

【姓氏溯源】

　　洪姓为上古炎帝神农氏之后共工的后代。共工本姓共氏,从黄帝时起就担任了治理天下水利的官职,被人们尊为水神。为了让后世子孙记住他们的祖先做过水神,就给共字加上水旁,以此作为自己的姓氏,这样就形成了洪姓。

【历代名人】

　　得姓始祖共工、姬胼、姬叔段、姬共仲,宋徽宗政和进士洪皓,《夷坚志》《容斋随笔》《万首唐人绝句》作者洪迈,宋代名医洪适,清代学者、文学家洪亮吉,清末太平天国领袖洪秀全……

包诸左石

包

【姓氏溯源】

包姓渊源主要有三：一是伏羲后裔有包氏，以氏称姓为包姓。二是出自春秋时楚国大夫上将军包胥的后裔，后代以祖姓相传。三是宋朝时赐羌王榆龙琦姓包，名包顺，后裔形成羌族包姓。

【历代名人】

得姓始祖包羲，楚上大夫包胥公，唐朝谏议大夫包佶，宋朝刑部

百家姓

尚书包恢、宋朝天圣朝进士、监察御史包拯，清代著名学者、书法家、书学理论家包世臣，清代女诗人包兰瑛……

诸(zhū)

【姓氏溯源】

一是源于地名，出自春秋时期诸国的封地，属于以封地名称为氏。二是源于姒姓，出自春秋末期越国大夫诸稽郢之后，属于以先祖名字为氏。三是源于骆氏，出自西汉时期越王的后裔无诸，属于以先祖名字为氏。四是源于变姓，出自五代十国时期后周贵族诸葛十朋，属于复姓省文简化为氏。

【历代名人】

得姓始祖诸稽郢、骆无诸，春秋时楚国之耕者诸御己，春秋时越国五大夫之一诸稽郢，明代嘉靖年间进士诸燮，明代成化年间进士诸观，明代洪武初年举人、官翰林院编修诸质，明代滑县县令诸弘道，清光绪年间名医诸福坤……

左

【姓氏溯源】

一是源于官位，出自上古时期的左国，属于以国名为氏。二是源于官位，出自春秋时期各诸侯国的左史官，属于以官职称谓为氏。三是源于姜姓，出自春秋时期齐国公族之后，属于以先祖名号为氏。四是源于官位，出自春秋时期诸侯国复姓，属于复姓省文简化为氏。

【历代名人】

春秋名士左伯桃，东汉学者、大臣、迁冀州刺史左雄，《左传》作者左丘明，东汉末方士左慈，西晋文学家左思，宋代太学博士左庆延，明代御史左光斗，明朝大臣、进士左鼎，明末大将左良玉，清末将领左宝贵，清朝大臣左宗棠……

石

【姓氏溯源】

　　石姓主要起源于春秋初期的卫国，属于以字为姓的一类。姬封的六世孙靖伯有个孙子，叫石蜡，在庄公时为卫国上卿，是个著名的贤臣。石蜡的孙子以祖父的字为姓，就姓石了。

【历代名人】

　　战国中期天文学家石申，西晋时为荆州刺史石崇，建后赵政权石勒，五代时期画家石恪，北宋初学者、思想家石介，北宋大将、卫国公石守信，元代戏曲作家石君宝，明代大将军石亨，清末太平天国著名将领石达开……

崔吉钮龚

崔

【姓氏溯源】

崔姓主要出自西周时期的齐国。齐国开国国君姜尚的孙子叫季子，本应该继承君位，却让给了弟弟，自己则到封地崔邑去了，他的后人便以封地为姓。

【历代名人】

春秋时齐国大夫崔杼，汉代著名书法家崔瑗，东汉末年隐士崔州平，南北朝北魏吏部尚书崔宏，唐代诗人崔颢，唐朝岭南节度使崔护，北宋画家崔白，明末画家崔子忠，清代学者崔述……

吉

【姓氏溯源】

一是源于姞姓，远古黄帝给裔孙伯儵的赐姓姞，属于以帝王赐姓为氏。二是源于兮姓，出自西周时期周宣王属下贤臣兮甲，属于以先祖名字为氏。三是源于妣姓，出自殷商末期莘国，属于汉化改姓为氏。

【历代名人】

得姓始祖伯儵、兮甲、高辛挚，唐代文人吉旼，梁朝吉士瞻，唐代鄱阳人、"大历十才子"之一吉中孚，明代顺天府通州州判吉大用，清乾隆壬申年进士吉梦熊，乾隆丁丑年进士吉梦兰，嘉庆壬戌年进士吉士瑛，太平天国将领吉文元……

钮（niǔ）

【姓氏溯源】

春秋战国时期祖居吴兴花林的先祖宣义公之女为吴王夫差第八宫后，宣义公时任吴王从卫骑都尉，当时以椒房之戚拜赐印绶指印"纽"而赐姓，故本姓"纽"，后才演变成"钮"，这就是钮氏姓的由来。

【历代名人】

北周孝子钮因、钮士雄父子，元朝时的文官钮克让，明代洪武中贡生、授德安知府钮衍，明代藏书家钮纬，清代诗人钮福畴，清道光十八年状元钮福保，清代贡生钮琇……

龚

【姓氏溯源】

主要源于黄帝之臣共工氏在黄帝时为水官，因治水有功，被奉为社神。其后有一支开始以单字"共"为整个家族的姓氏。其后裔又再加龙字改成"龚"氏，遂演变成龚姓。还有春秋时诸侯国共国在被灭后，其子孙以国名为姓氏，称共氏。后演变为龚姓，是为河南龚姓。

【历代名人】

西汉渤海太守龚遂，西汉谏议大夫龚舍，西汉画家龚宽，晋代著名好学高士龚玄之，北宋嘉祐进士龚原，北宋景佑进士龚鼎臣，宋末元初著名画家龚开，明代浙江布政使龚勉，清代著名的思想家、文学家龚自珍……

程 嵇 邢 滑

程

【姓氏溯源】

相传上古时高阳氏委派其孙重为南正之官，掌管祭祀神灵；封重弟黎为火正之官，掌管民事。其子孙世袭该职。商时封重黎之裔孙于程建立程国，称程伯。其子孙后以国为氏，称程氏，即河南或陕西程氏。

【历代名人】

春秋时期晋国著名义士程婴，秦代隶书的创造者程邈，汉景帝时名将程不识，三国时东吴的名将程普，唐代左金吾大将军程咬金，北宋哲学家程颢、程颐，明末清初著名画家程正揆……

嵇(jī)

【姓氏溯源】

夏朝君主少康即位后，将其子季杼封于会稽，专门主持禹帝的祭祀活动，其后裔子孙遂以先祖的封邑名称为姓氏，称会稽氏。到了汉朝初年，会稽氏族人迁到豫州南部谯郡嵇山，遂指地改为嵇氏。此后，会稽氏的后裔就以"嵇"作为姓氏，世代相传至今。

【历代名人】

三国时期魏国名士、"竹林七贤"之一嵇康，晋朝大臣、官至侍中嵇绍，西晋时期的文学家及植物学家嵇含，宋代应天府宋城人、天圣年间进士嵇颖，清朝水利专家嵇璜……

邢

【姓氏溯源】

主要源于周公旦第四子。邢氏宗族得姓始祖"靖渊公"为周公旦第四子，于三千多年前受封为邢侯，建邢国，都城为今河北省邢台市，邢侯之后邢国人开始以邢为姓。还有少数民族有的改为邢姓。北魏氏族人，清朝满洲人姓佳氏、锡尔德特氏，蒙古族等民族中均有改汉姓邢的。

【历代名人】

北魏官吏、学者邢峦，北齐官吏、文学家邢劭，北魏末青州起义军首领邢杲，曹魏侍中、尚书仆射、司隶校尉、徙太常邢颙，唐朝将领邢君牙，唐会昌年间户部员外郎、处州刺史邢群，北宋经学家邢昺，明代官吏邢宽，明后期大臣邢玠……

滑(huá)

【姓氏溯源】

滑姓渊源有三：一是古滑国被晋国所灭。亡国后，滑国的子孙便以国名作为自己的姓氏，这样就有了滑姓。二是源于姬姓，出自春秋时期郑庄公次子姬滑，属于以先祖名字为氏。三是源于彝族，出自秦、汉时期诺苏彝人世居地，属于以居邑名称为氏。

【历代名人】

滑姓的得姓始祖滑伯，汉代滑姓名人滑兴，唐宪宗朝的权臣滑涣，五代赵州良吏滑方，元朝末年的医学家滑寿，明代歙县知县滑恭……

裴 陆 荣 翁

裴(péi)

【姓氏溯源】

渊源有三：为伯益之后。源于春秋时晋国，以地名为氏。源于周朝秦国，以城邑为姓，秦国先公非子被周孝王封于秦，史称秦非子。秦非子的后代中有人被封为裴乡侯，他的后世子孙便以封邑为姓，称裴姓。

【历代名人】

晋代司空、地图学家裴秀，西晋时期重要朝臣、官至中书令裴楷，唐宪宗时宰相裴度，唐朝定襄道行军大总管裴行俭，中唐时期著名

政治家、官至宰相裴耀卿，唐开元晚期宰相裴光庭……

陆（lù）

【姓氏溯源】

陆氏是由战国时期齐宣王少子田通受封于平原陆乡，即今山东平原县境内因以得姓。陆姓的源头还有四个：颛顼、妫姓、允姓和他族改姓。改姓之说是指古代戎族人中有一支叫允姓之戎，迁到伊河流域的陆浑，便以陆浑为名，称为陆浑之戎，经营农业及畜牧业，后来其公族子孙以族命氏，就是陆氏。

【历代名人】

西汉政论家、辞赋家陆贾，三国时东吴名将陆逊，西晋文学家陆机、陆云，唐代政治家、文学家陆贽，唐代著名的茶道专家陆羽，南朝宋道士陆修静，南宋著名哲学家、教育家陆九渊，南宋著名爱国诗人陆游，"宋末三杰"之一陆秀夫……

荣

【姓氏溯源】

　　一是据《姓氏考略》和《吕氏春秋》载，远古黄帝时代，有个音乐家叫荣援，受黄帝命，与伶伦共铸造了12个铜钟，以和五音。荣援就是荣姓的始祖。此支荣姓的望族出于上谷。以食邑地名为氏。二是周成王有个卿士受封于荣邑称为荣伯，他的子孙便以邑为姓，相传姓荣。

【历代名人】

　　周朝卿士荣夷公，春秋鲁国大夫荣成伯，春秋时期学者荣启期，汉代名人荣广，曹魏兵部尚书荣毗，明朝中期福州府知府荣祯义，明朝琼州人荣瑄，晚清政治家荣禄，清末大臣、洋务派代表人物荣庆……

翁

【姓氏溯源】

　　主要渊源有三：源于姒姓，上古夏朝初建时期，启为夏王，当时有一位贵族叫翁难乙，相传他就是翁姓最古老的祖先。源于姬姓，出自西周昭王的庶幼子，属于帝王赐姓为氏。源于姬姓，出自周昭王庶子的封地，属于以封邑名称为氏。

【历代名人】

　　汉代学者翁郡，唐末累官秘书郎、右拾遗翁承赞，宋代朝散大夫翁肃（与翁彦约、翁彦深、翁彦国三兄弟及翁延庆、翁蒙之同姓同乡同朝，皆居高官，时称"六桂同芳"），宋代淳熙年间溪县知县翁德广，明代兵部尚书翁难乙、翁万达，清朝军机大臣兼总理各国事务衙门大臣、光绪帝师翁同龢……

荀 羊 於 惠

荀(xún)

【姓氏溯源】

荀姓起源主要有：轩辕氏部落首领黄帝的后代。相传黄帝有25子，分姓12姓，荀就是12姓之一。春秋时期晋国出现了一些势力强大的卿族，荀氏祖先荀林父就是其中之一，后代便以荀为姓。

【历代名人】

战国时思想家荀况，东汉经学家荀爽，三国时曹操谋士、尚书令荀彧，西晋政治家、音律学家荀勖，晋代襄城太守荀崧，北齐司州秀才荀士逊，明代崇祯进士荀廷诏……

羊

【姓氏溯源】

源头主要有四：源于姬姓，出自春秋时晋国大夫祁盈后代的封地，属于以封邑名称为氏。源于官位，出自西周时期官吏羊人，属于以官职称谓为氏。源于姞姓，出自黄帝后裔，属于以改姓为氏。源于姬姓，出自春秋时期鲁国的公孙羊孺之后，属于以先祖名字为氏。

【历代名人】

得姓始祖羊舌突，晋代散骑常侍羊琇，后魏光禄大夫羊祉，梁代侍中军师将军羊侃，东汉灵帝时名臣、南阳太守羊续，西晋著名的战略家、军事家和政治家羊祜……

於(yū)

【姓氏溯源】

於姓源流有四：源于姬姓，出自黄帝的臣子於则，属于以先祖名字为氏。根据《世本》上记载，黄帝时有臣子於则，发明了用麻编织的鞋子履，是世界上最早发明鞋子的人，距今已有5000年的历史。源于姬姓，出自西周时期官吏於官，属于以官职称谓为氏。源于地名，出自春秋时期齐国於丘，属于以居邑名称为氏。源于妫姓，出自战国时期齐国陈仲子，属于以居邑名称为氏。

【历代名人】

黄帝臣子於则，宋朝大臣於琳，南宋画家於清言，明朝大臣、正德年间进士於敎，明朝画家於竹屋，明朝大臣於伦，明朝大臣於坦，明朝官吏於仲完……

惠

【姓氏溯源】

惠姓渊源主要有四：出自黄帝直系裔孙惠连，属于以先祖名字为氏。源于姬姓，出自西周的周惠王，属于以帝王谥号为氏。源于妫姓，出自春秋时期陈僖公之子公子惠，属于以先祖名字为氏。源于姬姓，出自春秋时期鲁惠公之子公子尾，属于以先祖名字为氏。

【历代名人】

得姓始祖姬阆、柳下惠、嬴驷、季悼子、公子彭、熊章、服惠伯、姜元、姬夷吾、姬弗涅、公子惠，宋代崇宁年间进士惠直，后魏高僧惠生，清代著名的经学家惠周惕、惠士奇、惠栋祖孙三人……

甄曲家封

甄（zhēn）

【姓氏溯源】

源于帝舜，以字或技艺为氏。舜仁义慈爱，所居之处人民纷纷前来归附，往往一年成村落，二年成城邑，三年成都市，因此他烧陶的地方很快形成一个城邑，叫作鄄城。舜有子孙留在鄄城任甄官，后来就成甄氏。

【历代名人】

得姓始祖仲甄，西汉大司马、承新公甄邯，西汉更始将军、广新公甄丰，三国文昭皇后甄后，南朝梁益州录事参军兼婢县令甄彬，明朝河南左布政使甄完，明朝同知长沙府事甄谊……

曲（qū）

【姓氏溯源】

曲姓是一个很有特点的姓氏，一些史料上说是出自曲沃恒叔，也有些曲姓族人认为自己源自鞠姓。天下所有的曲姓族人均源于姬姓周王族，是地道的黄帝后裔。不同的是，源于鞠姓的是出自周文王之子召公，是周王族燕国王室后裔，而源于曲沃恒叔的则是周武王次子唐叔虞后裔。

【历代名人】

秦末大臣曲宫，唐代官至司空、封晋昌郡王曲环，宋代将领曲珍，元武宗时任平章政事、行大司农、封应国公曲枢，明代官吏、明敕封大理寺评事曲廉，明代官吏曲锐……

家(jiā)

【姓氏溯源】

家姓起源有二：出自姬姓，以祖字为氏。源自以祖字为氏。据《姓苑》和《姓氏考略》所载，春秋时鲁庄公之孙名驹，字子家，子孙取祖字为姓，世代姓家。出自复姓家仆氏。据《中国姓氏大全》载，周代晋国有大夫家仆徒，为家仆复姓之始。后改为单姓家，称家氏。

【历代名人】

西周诗人家父，宋文学家家定国，宋学者家勤国，宋大臣、绍圣进士、元符三年乐至令家愿，宋朝历司农丞、除枢密院编修官兼度支郎中、景定三年以户部郎中出知抚州家坤翁，宋末学者家铉翁，南宋景定间举进士、建康制置司干官家之巽……

封

【姓氏溯源】

渊源有四：源于姜姓，出自炎帝的后裔钜之后代的封地，属于以封邑名称为氏。源于姜姓，出自黄帝之臣封子，属于以先祖名字为氏。源于姜姓，出自战国末期齐国庆氏家族，属于因故改姓为氏。源于芈姓，出自春秋时期楚国大夫穿封戍，属于以先祖名号为氏。

【历代名人】

封姓得姓始祖封父，传说中风神封家姨，三国时魏国道士封衡，东汉振威将军封孚，后魏尚书封肃，后魏吏部尚书封隆之，南齐大臣封延伯，北齐平阳太守、后官至尚书右仆射、卒谥"简"的封子绘，隋朝任内史舍人封德彝……

芮 羿 储 靳

芮（ruì）

【姓氏溯源】

主要渊源有二：一是源于子姓，出自商王朝时期芮荔国，属于以国名为氏。芮氏历史悠久，有史书记载芮氏出自姬姓，芮氏起源于陕西。二是出自周武王对卿士姬良夫的封地，属于以国名为氏。芮国灭亡之后，芮伯的子孙便以先祖的封国名称为姓氏，称芮氏，世代相传至今，是为陕西芮氏。

【历代名人】

芮姓始祖芮良夫，唐代太学生芮挺章，宋代上高县知县芮及言，明代台州知府芮麟，明代甘肃巡抚芮钊，清道光癸卯科解元、御前侍卫芮振朝，清朝学者芮城……

羿（yì）

【姓氏溯源】

传奇人物后羿是当时有穷氏之君，以善射而见称，曾经篡夏朝第五代君主相的地位而自立，不过即位后不修民事。羿氏的历史古老异常，但长久以来，有关这一姓氏的活动情形却少有文献记载。据考证，后羿所为有穷国，即今山东济阳一带，而羿氏的发祥之地也正是在这里了。

【历代名人】

羿氏的得氏始祖后羿，明代湘阴人、洪武初年遂宁知县羿忠……

储(chǔ)

【姓氏溯源】

源自上古有储国，国人以地名为氏。相传上古时有储国，储国人的后代以国号地名"储"为姓，称储氏，世氏相传。以祖先名字为氏，据《风俗通义》载，春秋时期，齐国有大夫字储子，孟子结交。储子的后代很昌盛，其支孙以祖字"储"为氏。

【历代名人】

始祖储太伯，唐朝开元十四年进士、授翰林、历任县尉、监察御史储光羲，唐朝大中十三年登进士第、尝任校书郎储嗣宗，北宋崇宁进士储敦叙，宋代元祐三年进士、官台州刺史储尹之，宋代学者储用，清代学者、乾隆时进士储秘书……

靳(jìn)

【姓氏溯源】

主要出自战国时期楚国大夫靳尚的后代食采于靳，因此以邑为氏，称为靳氏，望族出于西河。而根据《通志·氏族略》及《风俗通》两书记载，靳姓人的始祖，的确是距今2300年前在楚国显赫一时的楚大夫靳尚。靳氏是我国北方古老姓氏。望族居于西河郡，即今山西省汾阳。

【历代名人】

战国时楚臣靳尚，著名汉朝重臣靳歙，西汉将军靳强，东汉末年兖州范县县令靳允，三国时蜀使臣靳详，十六国时汉镇北将军靳冲，十六国时汉将作大匠望都公靳陵，十六国前赵臣靳准，宋朝学者、经学家靳裁之……

汲邴糜松

汲(jí)

【姓氏溯源】

汲姓的来源有二支,一支出自姬姓,是春秋时期卫宣公的后代,卫宣公的太子居于汲这个地方,他的后代就以地名为姓,称为汲氏。另一支汲氏出自姜姓,齐宣公的裔孙受封于汲邑,他的后代子孙就以封邑名为姓。

【历代名人】

得姓始祖齐宣公,汉武帝时大臣汲黯,著名西晋农民起义军首领汲桑,后魏孝文帝时兖州从事汲固,著名宋朝将领汲靖,明朝邯郸县丞汲明学,明朝寿州通判汲宛……

邴(bǐng)

【姓氏溯源】

主要始于春秋,以封地名为姓,是晋大夫邴豫的后代。据《通志》载,邴是春秋时的一个城邑,故城址在今河南成武县东。晋国大夫邴豫的封地就在邴,他的后代遂用祖先的封地"邴"作为自己的姓氏。后来也有的省文去掉邑字旁,以"丙"为姓,称丙氏。还有出于赐姓,南北朝时李广的后代归顺魏国,魏帝赐姓丙。

【历代名人】

得姓始祖邴豫、邴鹢、邴意兹、李广,西汉官廷尉监邴吉,西汉京兆尹、太中大夫邴汉,东汉名士邴原……

糜（mí）

【姓氏溯源】

主要源于姒姓，出自夏王朝时期古糜子国，属于以国名为氏。夏王朝时期的大禹后裔的诸侯国，商王朝时期沿袭。夏朝有同姓诸侯，专门负责种植亶、黍之类的农作物，在当时是很先进的生产活动，因为每年都有可靠的收成，因此，种糜的族人富裕而昌盛，后得封为糜子国，国人以其职业为姓氏，世代称糜氏。

【历代名人】

三国吴国人、经学家、官乐平太守糜信，三国陶谦别驾从事糜竺，刘备夫人糜夫人，三国蜀南郡太守糜芳，三国时期虎贲中郎将糜威……

松

【姓氏溯源】

一是源自秦始皇封五棵松树为"五大夫松"的典故。秦始皇登泰山祭天下山途中突然间下起倾盆大雨，正好山上有五棵大松树，于是秦始皇就跑到松树下躲雨。不久风息雨停，秦始皇认为这五棵大树护驾有功，就当场赏封五棵松树为"五大夫松"。有些还没有得过皇帝封号的随从，就沾松树的光，也跟着以松为姓，世代相传。二是公姓改为松姓。因为公姓称呼时有些不方便，因此有人就将公姓改成了松姓。三是出自清代满族改姓。清兵入关后，有满族旗人改汉姓松氏。

【历代名人】

得姓始祖黄帝孙颛顼玄孙皋陶子伯益后人，隋代名士松赟，明朝时为官清正，两袖清风的松冕，清朝正蓝旗人、武英殿大学士松筠……

井 段 富 巫

井

【姓氏溯源】

一是炎帝的后代,取吉利的意思作为姓氏。井是《周易》六十四卦之一。有取之不尽的意思。二是周朝有大夫叫井利,就是用"井"作为姓氏,是以封地名作为姓氏的。三是春秋时,虞国有个大夫被封到井邑,称为井伯。他的后代就用封邑名"井"作为自己的姓氏。

【历代名人】

东汉太学生井丹,宋代官吏井纲,明代给事中井田,清朝顺治十六年进士井在,清朝雍正时画家井玉树,近代名人井岳秀、井勿幕……

段

【姓氏溯源】

段姓受姓始祖是共叔段。后来,出奔在卫国的共叔段的孙子公父定叔及其家人被迎回郑国。公父定叔的父亲名叫公孙滑,定叔回郑以后,共叔段的子孙始称"公孙段氏",就是后来的段姓。

【历代名人】

北朝北齐宰相、被封为平原忠武王段韶,唐代文学家段成式,唐朝著名宰相段文昌,唐朝名将段秀实,明世宗嘉靖二年癸未科进士、历任云南道御史、湖广参议后升密云兵备副使段续……

百家姓

富

【姓氏溯源】

富姓渊源有三：一是出自周襄王时期姬姓大夫富辰的封地，属于以封邑名称为氏。二是出自春秋时期鲁国公族大夫富父终甥，属于复姓省文简化为氏。三是属于文化上汉化改姓为氏。据史籍《清朝通典·氏族略·满洲八旗姓》记载，达斡尔族鄂济氏，世居叶赫、乌喇、辉发、哈达、松花江以及黑龙江沿岸，清朝中叶以后，多冠汉字汉姓为富氏。

【历代名人】

富姓的始祖富辰，唐代雍州武功人、举进士富嘉谟，五代画家富玫，宋代进士、书法家富元衡，北宋大臣富弼，元代著名诗人、画家富恕，元代慈溪首富德庸，清代太子太保富善……

巫

【姓氏溯源】

源于上古,是以技能作为姓氏的。在夏朝和商朝时,巫又被分别称为巫祝和巫臣。商代时就有巫臣巫咸和他的儿子巫贤,是当时的占星家。巫人的后代中有以官职为姓氏的,称为巫氏,是今天巫姓的主要来源。

【历代名人】

商代巫臣巫咸,中国最早的一部儿科医学专著《小儿颅脑经》作者巫妨,东晋末年名士巫罗俊,明孝宗弘治年间广东兴宁县名士巫子秀,明神宗万历年间新喻知县巫子肖……

乌焦巴弓

乌（wū）

【姓氏溯源】

上古部落首领少昊崇拜鸟图腾，他用百鸟名称作为百官名称，其中有乌鸟氏。乌鸟氏的子孙中去掉鸟字，单用一个乌字，称为乌氏，是乌姓的最早起源。还有源于姜姓，出自春秋时陇西西戎族乌氏国，属以国为氏。

【历代名人】

春秋齐国大夫乌枝鸣，战国时秦国的勇士乌获，唐代名士乌重胤，唐玄宗开元年间平虏先锋乌承玼、乌承恩，明永乐二年甲申科进士乌浚，明嘉靖年代官员乌从善……

焦

【姓氏溯源】

焦姓源出有四：上古神农氏后裔，出自姜姓，以国为姓。出自姬姓，以国名为氏。出自妫姓和姚姓，出自战国末期秦国大夫茅焦，属于以先祖名字为氏。系自姜姓，以地名为氏。春秋时许灵公迁焦，其后以地名为氏。

【历代名人】

三国时魏国河东郡隐士焦先，南朝齐将领焦度，十六国时西秦太子太师焦遗，元朝平章政事、追封恒国公焦德裕，明永乐十九年中进士、授官监察御史焦宏，明代大臣、授编修焦芳……

巴

【姓氏溯源】

上古时伏羲氏有个后裔叫后照，定居于巴水，即今四川省东部一带。他的子孙就以巴水为姓，称巴氏。还有周代巴国，开始被封的国君是子爵。巴子国辖境相当于现在四川省的旺苍，周慎靓王五年，并于秦。巴子国国君的后代，就用原来的国名"巴"作为自己的姓氏，称巴氏。

【历代名人】

战国时期巴国人、官至将军巴蔓子，东汉名士巴肃，清朝汉军镶蓝旗人、因功封一等子爵、官至中和殿大学士巴泰，清代书画家、候补中书巴慰祖……

弓

【姓氏溯源】

以官职名称为姓。相传黄帝有个儿子叫挥，因制造弧弓，被封于张，其后遂为弓氏和张氏。还有源于春秋时期公孙氏。鲁国有公孙婴齐，曾随鲁国国君成公攻打宋、郑二国，因立有大功，受封世代为鲁国大夫。婴齐字叔弓，其后代便以祖字为姓，遂成弓姓。

【历代名人】

弓姓得姓始祖叔弓，汉代的光禄大夫弓祉，西汉重臣弓林，三国时人、博陵太守弓翊，神射手弓工妻，晋江夏太守弓钦，十六国时前秦虎贲中郎将、官至侍中、封上党郡公弓蚝，唐代诗人弓嗣初，明成化二十二年进士弓元……

牧 隗 山 谷

牧

【姓氏溯源】

渊源有三：周武王的同母少弟、卫国大夫康叔被封于牧，他的子孙后代就以封地地名作为姓氏，称为牧氏。黄帝臣子力牧因为帮助他治理天下，立了大功，他的后代于是以他的名字为姓，称为牧氏。源出以职业为姓。春秋卫国君主的后代中有以牧业为生的，遂以牧为姓，也称为牧氏。

【历代名人】

牧姓得姓始祖力牧，春秋时期鲁国有名的贤人牧仲，春秋时期鲁国名人牧皮，汉代越巂太守牧艮，明代广西参议、弘治年间进士及第、被授为南京兵科给事中牧相，明代太守牧文……

隗（kuí）

【姓氏溯源】

魁隗氏是继神农氏之后的第二位炎帝。其后人又有大隗氏建都大隗山，在今天的河南新密大隗镇境内。隗氏后人尊大隗为隗姓的得姓始祖。还有夏代隗国公元前634年被楚所灭，其后世子孙以原国名为姓。

【历代名人】

隗姓的得姓始祖大隗，秦王朝丞相隗林，东汉西州大将军隗嚣，东汉上将军隗崔，东汉初期政治人物隗纯，三国时魏国郎中隗禧，晋代术士隗炤，三国时魏国犍为地方孝子隗相……

山

【姓氏溯源】

出处有三：一是炎帝出生于烈山，故号烈山氏。他的后代有的就用"山"作为姓氏。二是周代有山务之官叫山师，掌管山林，后代以官为氏，子孙便姓山，属于以官职为氏。三是以祖名为氏。春秋时期楚国有个高官叫叔山冉，他的后代以他名字中的"叔山"的山字为姓，世代相传。

【历代名人】

得姓始祖烈山、叔山冉，晋代吏部尚书、"竹林七贤"之一山涛，晋代镇南将军山简，元代大德三年状元、山东朝城山姓始祖山琮，明代燕山护卫百户、永乐初以靖难功累官右军都督佥事山青，明代名将、都督佥事山云……

谷（gǔ）

【姓氏溯源】

主要出自嬴姓，与赵、秦同一个源流。嬴氏的后代有叫非子的，被周王封于秦谷，后来成为秦国和谷国，秦为公爵，谷是伯爵。春秋时谷国的后代开始以谷为氏。谷国后被楚国吞灭，其王族后裔子孙及国民中多以国名为姓氏者，称谷氏。

【历代名人】

得姓始祖伯益，西汉太中大夫谷郎，西汉光禄大夫、凉州刺史、太中大夫谷永，三国吴国都亭侯谷利，北魏安南将军谷浑，唐朝左金吾卫大将军唐朝玄宗时期谷崇义，元末明初官吏、学者谷子敬，清顺治进士、户部主事谷应泰……

车侯宓蓬

车（chē）

【姓氏溯源】

主要源于舜后代田氏之裔，汉丞相田千秋以年老得乘小车出入省中，时人谓之车丞相，子孙因氏。还有秦穆公逝世时殉葬的文臣武将，其中包括子舆奄息、子舆仲行的后裔子孙，皆改为单姓车氏、舆氏。

【历代名人】

西汉大臣车顺，东晋大臣车胤，北魏大臣车路头，宋代学者车似庆，宋代诗人车安行，宋代学者车若水，宋代经学家车垓，明代大臣车宁，明代大臣车霆，明代大臣车会融，清代官吏车万育……

侯（hóu）

【姓氏溯源】

主要源于春秋初期，郑庄公的弟弟叔段因谋反，为郑庄公所伐，先逃到鄢，又逃到共，故又称共叔段。共叔段死后，郑庄公赐他的儿子共仲姓侯，从而又形成一支侯氏。还有出自姒姓。据《姓氏考略》云，夏后氏的后裔有的被封于侯，子孙以地为氏，称为侯氏。

【历代名人】

侯姓得姓始祖缗侯，魏国名士侯嬴，东汉淮平郡太守、尚书令、大司徒侯霸，唐朝名将、陈国公、凌烟阁二十四功臣之一侯君集，明代万历进士、兵部侍郎侯恂，明末清初"四公子"之一侯方域……

宓(fú)

【姓氏溯源】

宓姓出自上古的伏羲氏，与伏姓的源流是一样的，是伏羲氏的后裔。宓姓始于远古始祖伏羲氏，伏姓也叫宓姓，其后子孙称宓姓。伏羲，古代的时候作宓羲，又作庖羲、包牺、伏戏，亦称牺皇、皇羲、太昊，史记中称伏牺。他的后代有宓和包两个姓。所以说伏姓和宓姓实际上是一个姓。如汉代人伏生，也叫作宓生。

【历代名人】

宓姓得姓始祖伏羲，鲁国人、孔子弟子宓不齐，明代吴县县令宓天麟，伏羲的女儿、相传为洛水之神宓妃，汉代名士宓生，南宋朝大臣宓银，清朝官员宓宏谟……

蓬

【姓氏溯源】

蓬姓渊源有三：源于姬姓，出自周天子封赐给支子的地名，属于以封邑名称为氏。源于植物名称，出自汉朝时期传说人物蓬球，属于以居邑特征为氏。源于傣族，出自汉朝时期古泰族，属于以国名为氏。泰族，就是古代掸族，公元初年，以"掸"名号出现在中国史书记载中的蓬国，就是泰族先民建立的国家。后来，有蓬国的王族后裔以及国民以国名为姓氏者，称蓬氏，世代相传至今，是泰族中最为古老的姓氏之一。

【历代名人】

得姓始祖西汉时期北海人蓬球，汉代传说人物蓬萌，汉代兖州太守蓬宽，唐代名士蓬逸仙……

百家姓

全郗班仰

全

【姓氏溯源】

主要源于泉姓，出自西周时期的泉府之官，属于以官职称谓为氏。在泉府官的后裔子孙中，有以先祖职官称谓为姓氏者，称泉氏，后来因"泉"字同音通"全"字，故有人改"泉"为"全"，称全氏。

【历代名人】

东汉灵帝时举孝廉尚书郎右丞全柔，三国时期吴国名将全琮，南朝时医学家全元起，后蜀文州刺史全师雄，明代学者全整，明代孝子全大城，清代寿春镇总兵官全玉贵……

郗(xī)

【姓氏溯源】

源出苏国己姓，后有苏国亡于夏，又复国。其后有苏忿生，周武王时官至司寇，负责诉讼事宜，有清正之声。周之苏国为己姓，从现今出土之西周、春秋青铜器苏公敦、苏公鼎可证，铭文己或作己女，或作妃。苏忿生支庶子受封于郗邑，其后人遂以封邑命姓，称为郗姓。

【历代名人】

晋安西将军、兖州刺史、太尉郗鉴，西晋人郗诜，晋陵内史郗迈，东晋大臣郗超，三国时高平人、光禄勋、御史大夫郗虑，唐代累官工部、刑部尚书，后升昭义、忠武等军节度使的郗士美……

班

【姓氏溯源】

班姓出自芈姓。是春秋时期若敖的后代。若敖的儿子名叫斗伯比，斗伯比的儿子名叫令尹子文。相传令尹子文是吃虎乳长大的，因为虎的身上有斑纹，他的后代于是就用"斑"作为他们的姓氏。因为"班"和"斑"通用，后来就改成"班"了。

【历代名人】

汉代史学家、文学家班彪，东汉著名史学家、文学家班固，东汉时期著名军事家、外交家班超，中国第一位女历史学家班昭，明朝名士班言……

仰（yǎng）

【姓氏溯源】

仰姓渊源有二：一是舜帝时期仰延的后人，以祖上的字为姓，遂成仰姓。仰延精通音乐，当时瑟为八弦，他改造为二十五弦，为一大发明。仰延的后人，以祖上的字为姓，遂成仰姓。二是出自嬴姓和姚姓，为秦惠帝之子公子印之后，印字古为仰字的右半部，其支庶子孙以祖字为姓，加一人旁，遂成仰姓。

【历代名人】

仰姓得姓始祖仰延，宋代孝子仰忻，明朝著名刑官仰瞻，宋代廉吏仰仁谦……

秋仲伊宫

秋

【姓氏溯源】

渊源主要有四：源于子姓，起源于上古，相传为黄帝后裔少昊的后代，以祖字为氏。源于官位，出自商时期官吏司寇（时称"秋官"），属于以官职称号为氏。源于官位，出自汉朝时期官吏大长秋，属于以官职称谓为氏。源于官位，出自唐朝时期官吏秋官正，属于以官职称谓为氏。

【历代名人】

汉朝官员秋君，明洪武年间任典史秋英，明朝官员、永乐年间任山东佥事秋茂，明朝学者、弘治年间举人秋允，明朝官员、遂宁知县秋逢庆，近代民主革命志士秋瑾……

仲(zhòng)

【姓氏溯源】

出自上古高辛氏，为黄帝的后裔。黄帝有曾孙，号高辛氏，有"八才子"，号称"八元"，与颛顼之子"八恺"齐名，高辛氏的"八元"中，有仲堪、仲熊两兄弟的后代子孙，以祖上名字的"仲"字为姓。

【历代名人】

仲姓得姓始祖仲堪，《仲虺之诰》作者仲虺，春秋时孔子的得意弟子、鲁国人仲由，东汉哲学家仲长统，宋代进士仲并，北宋画家、高僧仲仁，宋代良吏仲大年……

伊(yī)

【姓氏溯源】

伊姓主要渊源有四：源于伊祁氏，出自远古帝王唐尧，属于以居邑名称为氏。源于姒姓，出自商朝大臣伊尹之后，属于以居邑名称为氏。源于官位，出自西周时期官吏伊耆，属于以官职称谓为氏。源于鲜卑族，出自南北朝时期鲜卑拓跋部，属于汉化改姓为氏。

【历代名人】

得姓始祖尧帝、伊尹，商汤太戊名相伊陟，北朝北魏将领伊馥、伊盆生，明代尚宝少卿伊恒，清代书法家伊秉绶……

宫

【姓氏溯源】

宫姓，部分源于姬姓，部分得姓始祖为春秋时期宫之奇。史载，春秋时，虞国有个大夫叫宫之奇，他本来是周初所封的宫国国君的族人，后来宫之奇举族逃往虞国，改以国名为姓，即宫氏。另外，宫姓还有以下几个起源：一是南宫氏的后裔，有的改姓宫。二是周官"宫人"的后裔，以官职为姓。这两支宫姓，皆为姬姓之后。三是共氏、龚氏有的改为宫姓。

【历代名人】

明代崇祯进士、授工部吏司主事宫继兰，明代崇祯癸未进士宫伟镠，清代康熙癸丑进士、授翰林院庶吉士、贵州道监察御史宫梦仁，清代康熙癸未进士、授山西临汾县知县、山西克安府通判、袁州府知府宫懋言……

宁 仇 栾 暴

宁（nìng）

【姓氏溯源】

宁姓渊源主要有二：一是春秋时期，秦国国君秦襄公有曾孙去世后谥号"宁"，其支庶子孙有以其谥号"宁"为氏。二是后周柴荣之子曹王嫡后柴熙让于公元984年为避祸逃至江西吉安藤田镇老圩村并改为宁姓。

【历代名人】

得姓始祖宁俞，春秋时齐国大夫宁戚，春秋时期卫国卿大夫宁喜，战国时期周朝大夫宁越，西汉酷吏宁成，唐代官吏宁赓，宋代画家宁涛，元代将领宁玉，明初将领宁正，明代官吏宁调元……

仇（qiú）

【姓氏溯源】

仇姓源出殷末三公之一的九侯。商朝末年，纣王杀九侯。其族人避居各地，以国名加"人"字偏旁为仇氏，世代相传至今。另外，传说大禹后裔子孙有九人偕同入闽，居于大诏，人称其为九侯，死后葬于诏安县东北的九座连烽之山上，因称九侯山。其后裔子孙称九侯氏，以仇为姓。

【历代名人】

汉桓帝延熹年间高士仇览，东汉百济国王仇台，元代儒学教授、诗人、词人仇远，明朝大臣仇成，明朝著名画家仇英，明代孝子仇养蒙，明朝尚书仇维祯，清代名士仇兆鳌……

栾（luán）

【姓氏溯源】

出自姬姓，是黄帝的后裔，是用封邑作为姓氏的。周武王的后代有靖侯。靖侯的孙子名宾，被封于栾邑，世称栾宾。他的后代于是以封邑地为姓氏，称栾氏。还有出自姜姓，为炎帝的后代，是用先人的名字作为姓氏的。

【历代名人】

春秋时期的晋国名将栾书，汉朝梁王大夫栾布，汉代顺帝时黄门令、先后迁任桂阳、豫章太守和沛相栾巴，后魏时的著名宿儒栾文博，唐代诗人栾清，宋代良吏栾崇吉，明代孝子栾惠……

暴（bào）

【姓氏溯源】

暴姓源流比较少，部分源出有一：出自姬姓，以国名为氏。据《风俗通》记载，周朝天子的名下有许多各据一方的诸侯，其中有一位叫暴辛公的，根据考证，便是姓暴的中国人的始祖。望族居魏郡，即今河北省临漳西南一带。这在《尚友录》上也有清楚的记载。东周时，有王族大夫辛被封在暴邑，就是今天的河南省郑州北部，建立了暴国，因为他的爵位是公爵，所以称暴辛公。春秋时暴国并入郑国，其国民以原国名为姓，称为暴姓，并沿袭至今。

【历代名人】

暴姓始祖暴公、暴辛公，北齐时大将军暴显，明朝初年名臣暴昭，西汉御史大夫暴胜之……

甘 斜 厉 戎

甘

【姓氏溯源】

甘姓渊源有四：出自姒姓，以国名为氏。夏朝时，有诸侯国甘国，其君主家族在亡国后以原封国名为姓。出自子姓，以祖字为姓。出自姬姓，以地名为氏。出自春秋时甘国昭公之子带，其后人以甘为氏。

【历代名人】

商王小乙大臣甘盘，战国时楚国人、著名天文学家甘德，战国时

秦国左相、齐国上卿甘茂，战国著名神童甘罗，东汉名人甘英，后汉义成侯甘延寿，三国吴国折冲将军甘宁，明代诗人甘瑾……

钭（tǒu、dǒu）

【姓氏溯源】

战国时，田氏代齐之后，原来齐国的国君康公被放逐到海上，生活十分艰苦，居洞穴，食野菜，以青铜酒器钭作釜锅，用以烹煮食物。因此，其支庶子孙后来便以青铜酒器钭为姓，称为钭氏，世代相传，就是今天钭姓的起源。

【历代名人】

得姓始祖战国时期的齐康公，五代十国末期吴越国处州刺史、北宋初期大臣钭滔，近当代老中医钭珊瑚……

厉

【姓氏溯源】

厉姓渊源主要有四：源于姜姓，出自远古时期炎帝神农氏，属于以先祖称号为氏。源于姜姓，出自西周时期周宣王姬静执政时齐国君主齐厉公，属于以谥号为氏。源于姜姓，出自西周时期诸侯国厉国，属于以国名为氏。源于改姓，出自三国时期孙吴国宗室孙秀或唐代新兴王李晋，属于帝王赐姓为氏。

【历代名人】

著名唐朝大臣厉文才，宋朝将官厉仲芳，宋代三进士厉仲祥、厉仲枢、厉仲诠兄弟，宋宝佑元年进士、仕正议大夫、迁资政殿大学士、户部尚书厉文翁，清代著名诗人、学者厉鹗……

戎（róng）

【姓氏溯源】

主要渊源有五：出自商末周初獯鬻族之后，属于以先祖名字为氏。西周初期古戎国，属于以国名为氏。出自周朝时期宋国微子启之后，属于以先祖名字为氏。源于金天氏，出自上古帝君少昊之后狁戎氏部落，属于以先祖名字为氏。出自战国时期楚国火正戎律之后，属于以先祖名字为氏。

【历代名人】

得姓始祖獯鬻戎、微子启、戎胥轩、督戎、戎律，辅助汉高祖刘邦开创天下时的功臣戎赐，唐朝德宗初年历任辰、楚二州刺史戎昱，宋朝绍兴年间任平江知府戎益，明朝孝子戎宪，明朝清官戎洵……

百家姓

祖 武 符 刘

祖

【姓氏溯源】

主要源于子生，出自商王朝王族之后裔。属于以先祖名字为氏。汤的六代孙开始有祖乙、祖辛、祖丁、祖庚、祖甲、祖己等，都曾是商王朝君王的庙号。他们的后代子孙有取先祖名字为姓氏者，称祖氏。

【历代名人】

祖姓始祖商祖己，晋朝著名北伐大将祖逖，东晋平西将军、豫州刺史祖约，南北朝时期著名的科学家祖冲之，唐朝开元十二年进士祖咏，唐朝幽州范阳人、精通历算的学者祖孝孙……

武

【姓氏溯源】

周幽王的儿子宜臼受申、许、鲁等部分诸侯拥戴，在申即位，后迁到雒邑，历史上称东周。宜臼就是周平王。因其手掌上有一"武"字形状纹路，故被赐为武氏，为周朝大夫，后来他的子孙，因而以武为氏，史称武姓正宗。

【历代名人】

我国历史上唯一的女皇帝武则天，五代水利家武漳，北宋画家武宗元，北宋打虎英雄武松，金国画家武元直、武伯英，元代戏曲作家武汉臣，清代学者武亿……

符(fú)

【姓氏溯源】

符姓主要渊源出自姬姓，是后稷的后代，以官名为氏。符，是古代朝中传达命令、调遣名将所用的凭证，先用金、玉、铜、竹或木制成某种形状，再从中间剖成两半，君王的使者和被调遣者各持一半，传令时相合，以检验真假。战国时，鲁国被楚国灭掉以后，末代君王鲁国倾公有个孙子叫公雅，后来在秦国担任符玺令，其后人便以符为姓。

【历代名人】

符姓得姓始祖公雅，汉代方士、《修真秘录》作者符乾仁，陈留国国相符季真，汉代学者、《符子》作者符子，晋代光禄大夫符融，后梁大将、秦州节度使符道昭，明代广西按察司佥事符验，清代乾隆年间海南举人符凤举……

刘

【姓氏溯源】

刘姓主要出自祁姓，为炎帝尧陶唐氏之后。相传祁姓是黄帝的后裔所分得的姓氏之一，后来祁氏被封于刘国，亦即今定州唐县。其子孙以国为姓，相传姓刘。史称刘氏正宗。

【历代名人】

西汉王朝的开国之君刘邦，东汉王朝的建立者刘秀，三国时蜀汉的建立者刘备，西晋时号称"竹林七贤"之一刘伶，南朝梁文学理论批评家刘勰，唐代著名文学家、哲学家、诗人刘禹锡，清代小说家、《老残游记》作者刘鹗……

景 詹 束 龙

景(jǐng)

【姓氏溯源】

主要出自齐国，齐国国君杵臼去世，谥号为"景"，史称齐景公，其支子即以谥号之"景"为氏。还出于一些少见的改姓现象，即单音姓氏复音化，以及避耻改姓、避嘲改姓等。此外，在姓氏发展史上，因音讹与省文也是常见的两种改姓现象。明代忠烈之士景清，本姓耿，后改姓景。

【历代名人】

战国时楚将景阳，汉光武功臣景丹，后周中书侍郎、平章事、判三司景范，五代十国后晋马步军都指挥使景延广，北宋白石县县令景焕，明代洪武御史景清，清末农民起义领袖景廷宾……

詹(zhān)

【姓氏溯源】

詹姓主要有三种来源：一是出自姬姓，为周宣王的后代。二是黄帝后代中德高望重的詹氏的后代。三是以官职为姓，古代负责占卜的官叫詹尹，其后人便以官职为姓。

【历代名人】

晋大夫、护国大将军詹嘉，北宋时名士詹先野，宋朝太常少卿詹体仁，明代政治家詹士龙，明朝大书法家、时称"国朝第一"的詹布原，清代易学家、书画家詹天宠，清末科学家詹天佑……

束(shù)

【姓氏溯源】

出自妫姓，由疎氏所改。据《晋书·束皙传》载，古代战国时，齐国有一个部族姓疎。汉代时候有个叫疎广的人，宣帝时任太子太傅。到了疎广曾孙孟达时，为了避王莽之难，自东海迁居沙鹿山。遂去疋改为束氏，称束姓，世代相传。

【历代名人】

得姓始祖疎广，西晋文学家、文献学家束皙，宋宣德郎充陕西路提举学事司管勾文字束长孺，宋朝大臣、万州知州束庄，明朝清官束清，清末举人束允泰，清道光进士、官浙江寿昌、永嘉、武康、余姚等地知县疏筊，清代江苏直隶州知州疏长庚……

龙

【姓氏溯源】

主要渊源有三：出自子姓，商朝宗室或宗法贵族，或以封地为氏。商朝金文中的子龙即子姓龙氏。出自嬴姓，以国为氏，龙为古国名。出自龙丘氏改姓，以山名为氏。

【历代名人】

西周共和行政龙伯和，春秋时学者龙子，战国时道家人物龙叔，战国时魏国大将军龙贾，先秦楚国猛士龙未央，秦末西楚大司马龙且，北宋哲学家龙昌期，宋哲宗进士、光禄大夫、琼崖宣慰使、琼州总镇龙海清，明代隆庆年间进士、官至苏州、龙安知府龙庆云，清代中医学家龙伯坚……

叶 幸 司 韶

叶(yè)

【姓氏溯源】

春秋时,楚庄王有一曾孙叫戍,又称沈尹戍。因有功,昭王封他的儿子沈诸梁在叶,称为叶公。叶公曾平定白公胜的叛乱以复惠王,有功于楚,得封南阳,更获赐为公,后委其事于子,而退休于叶。其后人便以邑地为姓氏,称为叶氏。由上可见,沈、叶本为同宗。

【历代名人】

道教天师、官吏叶法善,南宋著名哲学家、思想家叶适,元末明初名儒叶兑,明代学者叶子奇,明代政治家、书法家、诗人叶向高,明朝官吏叶茂才,清代著名画家叶欣,清代名医叶天士……

幸

【姓氏溯源】

源于姬姓,出自周武王之子周成王赐其叔姬偃的姓氏,属于帝王赐姓为氏。还有源于古代帝王信任亲近的幸臣,属于帝王赐姓为氏。幸臣,就是君主最宠信、亲近的臣子。因此幸氏的家族理当兴盛,所以,历代幸氏的先人见诸史书记载的很多。

【历代名人】

晋代术士幸灵,唐代学者、教育家幸南容,唐代学者幸轼,南宋大臣、庆元五年进士幸元龙……

百家姓

司

【姓氏溯源】

神农为上古部落首领时，有一位专事占卜的大臣名司怪，其后代子孙以司为姓。另有一支司姓是春秋郑国司臣之后，望族出于顿丘。还有一支司姓也形成于春秋时期，司臣是春秋时晋国的一种官位。当时晋国有大夫叔虎，他的手下有卿士司臣，其后世子孙也把"司"作为自己的姓氏。此外，古代复姓司马、司徒、司空、司寇、司国、司城、司士、司鸿、司德等，其后裔亦多改为单姓司者。

【历代名人】

春秋时期郑国贵族司氏首领司臣，三国时期魏国大司农司蕃，五代后期、北宋初期将领司超，元末邹县尹司居敬，明崇祯时城固县令司五教，《训蒙骈句》作者司守谦，清朝将军、宣化总兵司九经……

韶（sháo）

【姓氏溯源】

出自有虞氏，以乐曲名为氏。上古舜为部落首领时，他的乐官作了一首名叫《韶》的曲子，非常有名，子孙便以韶为姓氏。还有发源于粤北韶州，以地名为氏。现在广东的曲江、乐昌、仁化、乳源、翁源、英德六县，自隋代以来，称为韶州，韶氏一支便发源于这个地方。

【历代名人】

晋代名人韶石，明代岐山人，洪武年间户部主事韶护……

郜 黎 蓟 薄

郜（gào）

【姓氏溯源】

郜姓，出自姬姓。一说是周文王第十六子被封于郜邑，子孙就以此为氏。一说郜氏是周文王之子郜叔的后代。另据记载，周文王第十一个儿子封于郜，所在地是古代济阴，亡国后以国名为氏。

【历代名人】

春秋时期儒家郜子，春秋时期宋国大夫郜延，唐朝陕州刺史郜宏生，唐朝陕州刺史郜弘基，明代崇祯吏部验封司主事郜献珂，清代顺治孝感知县郜炳元，清代著名学者郜坦，清代著名学者、进士郜煜……

黎

【姓氏溯源】

一是出自黎国后裔。商时有诸侯国黎国，一个在今山西长治县西南，商末被周文王所灭；另一个在今山东郓城县西。这两个黎国的子孙以黎为姓。二是商末为周文王所灭的黎国，被封给帝尧的后裔，赐爵为侯，并且仍然沿用黎国的名称，其子孙以国为氏而姓黎。

【历代名人】

唐朝肃宗时谏议大夫黎干公，元代甘泉令黎公真，明代正德年间进士黎贯，明朝天顺年间状元、翰林院修撰黎淳，明代著名诗画家黎民怀，清末外交家黎庶昌……

蓟(jì)

【姓氏溯源】

一是出自姬姓，轩辕氏黄帝的后裔，以封地国名为氏。二是出自以地名为氏。"蓟"本来是一种草本植物的名称，形状跟芙蓉十分相似，这种植物在昌平、房山、安次等地，蓟州因此而得名，就是全国蓟姓人家的发祥地。蓟姓的得姓，经考证有3100年历史。望族居于内黄郡，就是现在的河南省内黄县西北部。

【历代名人】

历史上的蓟姓，似乎是族不太大、人不众多，有关他们的活动情况，文献缺乏记载，只有汉代建安年间名士蓟子训留名于史册……

薄(bó)

【姓氏溯源】

主要渊源有四：一是出自薄姑氏，薄姑氏是商朝时的诸侯贵族，因其封地封于薄姑，遂以地名为氏，姓薄。二是出自姜姓，以国名为氏。上古时有薄国，薄国的后代子孙以国名为姓，称薄姓。三是出自子姓，以邑名为氏。春秋时期，宋国有大夫被封于薄城，他的后代子孙就以封邑名命姓，称薄姓。四是源于改姓而来。羌族的姓氏中也有薄姓。出自汉朝末期羌族奚薄氏部落，属于文化上汉化改姓为氏。

【历代名人】

汉高祖刘邦的嫔妃薄姬，南朝宋给事中薄绍之，明代兵器制作专家薄珏，明代弘治年间进士、正德年间四川道监察御史薄彦徽，清朝同治六年丁卯科顺天举人、知县薄仁山……

印宿白怀

印

【姓氏溯源】

主要出自姬姓，以祖字为氏。周宣王公元前806年封王子友于郑，建立郑国，为伯爵。至郑穆公有儿子睔，字子印，其子孙在郑国为卿大夫，以祖字为姓，为印氏。郑大夫印段，字子石，即子印之孙，其后人世代沿袭为印姓。还有出自汉朝时期官吏印曹，属于以官职称谓为氏。

【历代名人】

部分印姓得姓始祖印段，明朝地方官印宝，宋代淮东总领印应飞，宋朝时温州地方官印应雷，清代乾隆年间广东肇庆府同知印光任，浙江宁绍台道印宪曾，清代画家印廷宝……

宿(sù)

【姓氏溯源】

主要出自风姓，是上古伏羲氏的后代，以国名为氏。据《元和姓纂》《左传》的记载，周武王灭商建立周朝后，追封前代圣王的后人，其中远古伏羲氏的后人被封于宿，并建立宿国。其公族后代遂以国名为姓。

【历代名人】

宿姓的得姓始祖伏羲氏，孔门七十二贤之一宿伯，汉代雁门太守宿详，后魏吏部尚书、封太原王宿石，明代正德年间刑部员外郎宿进，明代上党太守宿仓舒……

百家姓

白

【姓氏溯源】

相传颛顼帝的后裔陆终娶鬼方氏为妻,生下六个儿子,其中第六个儿子叫季连,他的后裔被封在白邑,称为白公胜,其子孙便以祖辈封邑为氏,称白氏,也有以"白公""白侯"为氏的。

【历代名人】

战国时秦国名将武安君白起,唐代著名诗人白居易,宋代名士白玉蟾,元代"元曲四大家"之一白朴,明代杰出的水利专家白英,清代书法家白云上……

怀（huái）

【姓氏溯源】

　　怀氏是中国一个古老的姓氏。相传上古时期的中原地区有个部落叫无怀氏，那里民风淳朴，人民安居乐业，鸡犬之声相闻，老死不相往来，是中国古代人理想中的社会。怀姓就是无怀氏部落的后人。又，周成王封弟叔虞于唐国时，曾把"怀姓九宗"赏给他做臣民，"怀姓九宗"的子孙也是怀氏。

【历代名人】

　　三国时期孙吴国的尚书怀叙，唐朝高僧怀让、怀晖、怀海，唐代书法家怀素，元代镇国上将军怀都，明代司礼监怀思，明朝著名宦官怀恩……

蒲 邰 从 鄂

蒲（pú）

【姓氏溯源】

出自夏王朝时期舜帝裔孙的封地，属于以封邑名称为氏。相传，夏王朝时期，舜帝的裔孙被封在蒲坂，在其后裔子孙中，有以封邑名称为姓氏者，称蒲氏，世代相传至今，是非常古老的姓氏之一。

【历代名人】

三国时期蜀国人、刘备的大臣蒲元，北宋进士蒲远犹，宋朝状元蒲国宝，宋元时期回族的代表人物蒲寿庚，清代世称聊斋先生的蒲松龄……

邰（tái）

【姓氏溯源】

邰姓是周族始祖弃的后代，以国名为氏。邰姓始于尧舜时期，邰氏的始祖就是上古时期有大功于民族进化的贤人后稷，他是帝尧的农官，因治理农业有功，尧就封他为邰国的国君，从此便有了邰姓。根据《说文》上说，后稷为尧的大司农，以功受封于邰这个地方，子孙就以邰为姓氏。

【历代名人】

宋江淮节度使邰中泰公，朱元璋大将邰仁五公，明代著名孝子邰茂质，明代制墨家邰格之……

从（cóng）

【姓氏溯源】

源于姬姓，出自周平王幼子姬精英的封国，属于以国名为氏。史籍《名贤氏族言行类稿》中指出，自古以来，"从"是比较少见的姓氏，多是由古老的枞氏"去木留从"而来。东周平王姬宜臼的小儿子姬精英，被封在枞邑，建有枞国，史称"枞侯"。在枞侯的后裔中，有以先祖封邑名称为姓氏者，称枞氏，后有去"木"偏旁为从氏者，世代相传至今。

【历代名人】

北宋乾德年间资政殿大学士、荆州刺史从嵩，明代太平府繁昌人、安陆位指挥佥事从一，明代知县从龙，明太平府繁昌人、太学士从任，明代钟祥人、历任江西广信府玉山县知县、南京刑部主事的从所向……

鄂（è）

【姓氏溯源】

黄帝的姞姓子孙封在鄂国，夏商时为诸侯国。后来商纣娶了九侯的女儿为妃。但九侯的女儿性情端庄，看不惯纣王昏庸无道，于是，纣王一怒之下，杀死了九侯父女，还把九侯做成肉酱。鄂侯为九侯拒理力争，结果也被杀死。后来鄂侯的子孙后代以国名为姓，称为鄂姓。

【历代名人】

汉朝的开国功臣鄂千秋，清代陕西知府、著有《求是山房集》的鄂恒，清代雍正时云南、贵州、广西三省总督鄂尔泰，清代保和殿大学士、军机大臣鄂穆图……

索 咸 籍 赖

索（suǒ）

【姓氏溯源】

索氏家族，是殷商时代的七族之一。据《元和姓纂》载，商民有七支，形成七姓公族。商朝灭亡后，周朝建立。周武王把周公旦的长子伯禽封在鲁，建立鲁国，并且把殷商七族中的六族迁徙到鲁国，这六姓分别为徐姓、条姓、萧姓、索姓、长勺姓和尾勺姓。

【历代名人】

东汉大臣索班，西晋书法家索靖，晋大臣索紞、索林，晋将领索綝，十六国时前凉大臣索泮，史学家索绥，后魏中书博士索敞，五代后唐大臣索自通，宋大臣索湘……

咸（xián）

【姓氏溯源】

出自黄帝曾孙高辛氏帝喾。帝喾为部落首领时，部落有臣子咸丘黑，因为佐助帝喾而传之史志，被咸姓后代尊为咸姓始祖。

【历代名人】

战国时期的学者咸丘蒙，西汉大臣咸宣，唐朝名臣咸冀，明代学者咸惟一，祖居莱阳、其后裔于清代迁居莱西市马连庄村的咸怀良，清道光末年任厦门海防厅同知的咸成……

籍(jí)

【姓氏溯源】

籍姓是以官职为氏。春秋时期，晋国有个公族叫作伯黡的，是晋襄公的孙子，在朝廷里面专门负责管理晋国典籍的事情。伯黡的学问很好，他的后代中有的用籍作为姓氏，称为籍氏，是籍姓的起源。

【历代名人】

春秋晋国大夫籍谈，西汉时大臣籍孺，西汉时期权贵门客籍福，明朝著名孝子籍馨芳……

赖

【姓氏溯源】

出自姜姓，为炎帝神农氏的后裔，以国名为氏。据《通志·氏族略》《文献通考》《中国史稿》《炎黄源流史》等资料所载，炎帝后裔有四支，属于古羌族的四个氏族部落。其中一支是烈山氏。古时"烈"与"厉"通，又音赖，故烈山氏、厉山氏、赖山氏皆同。古时的烈山氏居住在山西汾水流域，后有一支东迁，于商代在河南厉乡县建赖国，依附于商朝。周武王伐商时，赖人南迁，后来接受周武王的子爵封号，为赖子国。春秋鲁昭公四年，楚灵王灭之，其族人迁至鄢地，其后裔以国名为氏，称赖氏。

【历代名人】

唐乾元年间进士、崇文馆校书郎赖棐，宋代地理学家赖文俊，元朝宁化人、大孝子赖禄孙，元代文学家赖良，清代画家赖镜，清末太平天国著名将领赖文光……

百家姓

卓蔺屠蒙

卓

【姓氏溯源】

系三皇五帝，炎黄之黄帝后裔。黄帝姬姓名轩辕，约生于公元前2674年。据有关资料考证，黄帝之三十六世孙楚威王熊商次子公子卓之孙卓滑，时任楚考烈王熊元朝之大夫，以祖之名为姓，是为卓姓之起源。

【历代名人】

汉代学者卓茂，西汉文学家、通音律的卓文君，明代大臣卓敬，

明末清初戏曲作家卓人月，清代历任山东道监察御史、奉天府丞、太常寺卿、内阁学士等职的卓秉恬……

蔺（lìn）

【姓氏溯源】

春秋时，晋献公的少子成师被封于韩，他建立了韩国，因为他的爵位是子爵，所以又称韩子。他的后代子孙遂以韩为姓，称韩姓。传到韩厥时，他的玄孙叫韩康，在赵国为官，得到蔺作为封邑，他的后代子孙遂以封邑名为姓，称蔺姓。

【历代名人】

战国时赵国名相蔺相如，隋代将军蔺亮，宋代朝奉郎蔺敏修，明代应天府尹蔺以权，明代清官蔺芳，明代学士蔺从善，明代工部主事蔺芳……

百家姓

屠(tú)

【姓氏溯源】

一是出自子姓,是商朝王族的后裔。商朝建立之后,分封同姓诸侯,其中一支封于弦国。弦国灭亡后,其族人遂以国名命姓,为弦姓,后来又去邑为屠,称屠氏。二是源于姜姓,出自九黎族首领蚩尤的后代,属于以居邑名称为氏。黄帝擒杀蚩尤后,将其部族人迁到邹屠之地,即今山东邹平定居,其后裔子孙便以居住地名为姓氏,逐渐形成屠氏。

【历代名人】

明成化丙戌进士、弘治年吏部尚书兼左都御史、授太子太傅的屠滽,明代与屠滽同辈、人称"兄弟尚书"的屠勋,明朝都察院左都御史兼南京刑部尚书屠侨,明嘉靖进士屠楷,明朝戏剧作家、文学家屠隆,清朝小说家屠绅……

蒙(méng)

【姓氏溯源】

起源于风姓包氏,据《百家姓·东》载,包羲伏羲氏后裔掌管蒙山之祀,建立东夷蒙国,世为东蒙主,属于以国为氏。在蒙山设了祭坛,祭祀蒙山之神,并设有专门主持蒙山祭祀的官员,称为东蒙主。东蒙主的后裔子孙中,世代居于蒙山承袭东蒙主之职,遂以山名为姓氏,称蒙山氏、东蒙氏,后省文简改为单姓蒙氏、东氏、山氏、东方氏,世代相传至今。

【历代名人】

春秋时期楚国大夫蒙縠,战国后期秦国名将蒙骜,战国时秦国名将蒙武、蒙骜、蒙恬、蒙毅,女真进士、金代右副元帅蒙古纲……

池乔阴郁

池

【姓氏溯源】

有两种说法：一是出自嬴姓，始成于战国时候的秦国。战国时，秦国有个王族名叫公子池，他是秦国的大司马。他的家族繁盛，其后代就以他的名字为姓，遂成池姓。二是以居住地为姓。古代城墙称作城或垣，城外护城河称之为池。有世居于护城河畔的人，便以池为姓。

【历代名人】

明朝同安人、明代嘉靖年间进士、遂昌县令池裕得，清朝楚雄人、道光年间进士、官至国子监司业的池生春……

乔

【姓氏溯源】

源于匈奴族，属于汉化改姓为氏。据史籍《通志·氏族略》记载，汉朝时期匈奴民族中有大族丘林氏、当于氏、韩氏、栗籍氏、沮渠氏、兰氏、乔氏、呼衍氏、须仆氏等部落，其中的乔氏为匈奴贵族姓氏，后与汉族人的乔氏相融，浑为一体，世代相传至今。

【历代名人】

东汉末年乔公的两个女儿大乔和小乔，唐代宰相乔林，元代散曲家、戏曲作家乔吉，明代刑部尚书乔允升，清乾隆时期官员乔光烈，清代山西巡抚乔松年，嘉庆进士、授内阁中书的乔用迁……

阴(yīn)

【姓氏溯源】

一是出自西周王族分支系，是一个古老的姓氏。根据《元和姓纂》的记载，阴姓是周穆王后裔管仲的后人，他的第七代孙管修，跑到楚国去当了阴大夫的官，因此，子孙就以官为姓而姓了阴，望族居于南阳。二是源于姬姓，出自春秋时期晋国大夫姬贻甥的后代，属于以封邑名称为氏。春秋时期晋国大夫姬贻甥是一位谋略家和论说家，他先被封在阴邑，即今河南汤阴，以地为姓，称阴贻甥，后来又因功被改封在吕邑，因此又称吕贻甥，史书上简称其为吕甥。在其后裔子孙中，有以先祖前封邑名称为姓氏者，称阴氏；亦有以其后封邑名称为姓氏者，称吕氏，还有以其名字为姓氏者，称甥氏。该支阴氏、吕氏、甥氏同宗同源。

【历代名人】

东汉开国功臣、官至卫尉的阴兴，汉明帝永平年间封为鲖阳侯的阴庆，南朝陈文学家阴铿，隋朝赵国公阴寿，明朝大学问家阴秉衡……

鬱(yù)

【姓氏溯源】

鬱姓源头不详。一说即蔚姓。"鬱"现在简化为"郁"，但是在古代，"鬱"和"郁"是两个姓。

【历代名人】

明朝正德年间有颍川卫知事鬱让，山东人。鬱姓本来就很罕见，后来又简化为"郁"，所以已趋于消失了。

胥 能 苍 双

胥(xū)

【姓氏溯源】

胥姓来源有三种说法，分别是学者说、典籍说、家谱说。学者说主张胥姓是上古氏族华胥氏、赫胥氏后代，典籍说主张胥氏祖先为晋国大夫胥臣，而家谱则显示胥姓来源于姬姓。胥姓的望族大多出自吴兴。

【历代名人】

著名春秋时期晋国大夫、胥氏鼻祖之一胥臣，著名晋国将领胥甲，北宋官吏、骈文家胥偃，金国大臣胥持国，金国将领、大臣胥鼎，明朝大臣胥文相、胥必彰……

能(nài)

【姓氏溯源】

出自春秋时期的楚国王族熊姓。周成王的时候，有一个大臣叫熊绎，熊绎的儿子名叫熊挚，被封在夔，为附庸国，称为夔子。鲁僖公二十六年，楚国以夔国不祭祀祖先为理由，灭掉了夔国。这一国的人本来姓熊姓，为了避免被株连，改为能姓。

【历代名人】

宋朝医学家能自宣，明朝官吏能监，后金将领能格，清朝大臣、翻译家能图，清朝高僧、书画家能威……

苍

【姓氏溯源】

苍姓第一种源于姬姓，出自黄帝史官仓颉，属于以先祖名字为氏。第二种源于姬姓，出自上古颛顼帝的后裔仓舒，属于以先祖名字为氏。第三种源于姬姓，出自周王朝仓库官之后裔，属于以官职称谓为氏。第四种源于官位，出自汉朝时期官库管理官，属于以官职称谓为氏。第五种源于官位，出自金国时期官库管理官仓使，属于以官职称谓为氏。第六种源于满族，出自明朝时期女真族，属于以部落名称汉化为氏。

【历代名人】

上古高阳氏八才子之一苍舒，古代神话人物、相传为黄帝史官、文字发明家的苍颉，周朝时期阳樊人苍葛，汉代江夏太守苍英……

双

【姓氏溯源】

出自以地名为姓，与蒙姓同出一宗。远古夏朝时期，颛顼帝的裔孙受封于双蒙城，其后代有的以双姓为姓，形成双姓；有的以蒙姓为姓，形成蒙姓。

【历代名人】

三国时魏国名吏、梁州刺史双士洛，三国时魏国人、河州刺史双弥周，唐代名吏双子符，宋代庆历年间举进士而仕官的双渐，清乾隆年间平定贵州、湖南苗民叛乱的双林，著名清朝将领双福……

闻 莘 党 翟

闻

【姓氏溯源】

源于满族,属于汉化改姓为氏。据史籍《清朝通志·氏族略·满洲八旗姓》记载,满族温都氏,亦称文都氏,源出金国时期女真温都部,以部为氏,世居讷殷、绥分、瓦尔喀、乌苏里江两岸等地,是满族最古老的姓氏之一,后多冠汉姓为闻氏、孔氏、温氏、都氏、文氏等。

【历代名人】

明代闻良辅,明代弘治十八年进士、累官吏部尚书的闻渊,清代藏书家闻珽,清代诗人、画家闻秀玉……

莘(shēn)

【姓氏溯源】

出自姒姓,以封国名为氏。夏朝的初期,夏王启封高辛氏的儿子挚于莘,建立了莘国,它的望地在今天的陕西省合阳县东南,后来莘国灭亡以后,他的后代就以国名作为自己的姓氏,称作莘氏。

【历代名人】

宋代莘融,明代洪武年间被称为"贤令"的枣强知县莘野,清代擅长书画、篆刻的归安人莘开……

党

【姓氏溯源】

一是源于姒姓，出自夏禹的后裔，属于以国名为氏。史书记载，夏禹的后裔世居党项，遂姓党氏。二是源于姬姓，出自春秋时期晋国公族大夫的封地，属于以封邑名称为氏。据史籍《名贤氏族言行类稿》记载，春秋时期，晋国有一个公族大夫封邑于上党，于是他的子孙后代就以"党"作为姓氏。

【历代名人】

唐朝大臣党仁弘，北宋初年军事将领党进，宋代进士党祺，金朝文学家党怀英，明代武功知县党茂，明天启年间进士、户部侍郎党崇雅，清朝名士党湛，清朝翰林党蒙……

翟（zhái、dí）

【姓氏溯源】

出自隗姓，以国名为氏。隗本来是周代中原北部地区的游牧民族赤狄人的姓。春秋时，赤狄人活动于晋、卫、齐、鲁、宋等国之间，称为翟姓。公元前6世纪末，晋国大举进攻赤狄，灭掉翟国，翟人大多沦为晋国臣民，逐渐融合于晋人。翟人的后代就以原国名为姓，称翟姓。

【历代名人】

战国时魏国大臣翟璜，西汉大臣翟方进，东汉官吏、学者翟酺，隋末农民起义军瓦岗军首领翟让，宋代官吏、书画家翟汝文，宋代画家翟院深，明代历任编修、侍读学士、礼部右侍郎的翟銮，清代学者、道光进士翟云升……

谭 贡 劳 逢

谭

【姓氏溯源】

周初大封诸侯时，姒姓的一支被封于谭国。谭国国势一直不盛，不久就沦为齐国的附庸。春秋初期，齐桓公于周庄王四年吞并谭国。谭国国君谭子携几名手下逃亡到莒国。而留在故国的子孙就以国为氏，称谭氏。

【历代名人】

战国时期曾以无比崇高的言行而名垂青史的谭夫吾，明代文学家、"竟陵派"创始人之一谭元春，明代抗倭名将谭纶，太平天国慕王谭绍光，中国近代政治家、思想家谭嗣同……

贡（gòng）

【姓氏溯源】

起源于端木氏，是孔子的弟子子贡的后代。子贡本名端木赐，字子贡，春秋时期卫国人，他曾经担任过鲁国的宰相，善于辞令，精明能干。其家族昌盛，子贡九世孙端木武因为避焚书坑儒之祸，隐居于齐，改姓贡，世代相传，成为今天贡姓的起源。

【历代名人】

西汉大臣、博士、官至御史大夫贡禹，宋代与抗金名将岳飞成为"莫逆知己"、因护驾有功被封为"都总军将"的贡祖文，元朝宣城人、著有《云林小稿》《听雪斋记》的贡奎，元朝文士贡师道……

劳

【姓氏溯源】

一是起源于汉代，是一个以山为氏的姓。崂山在古代的时候称为劳山。居住在崂山的人一直到西汉时才开始与外界的人交往，也就是从这时开始，他们成了汉王朝的百姓。汉王朝在这个时候赐他们为劳姓。二是源于禽名，出自先秦时期酷吏博劳，属于以官职称号为氏。博劳，原本是一种小型鸟类，为候鸟性猛禽，古代称其为"鵙"，亦称百劳、浊温，在医药典籍《本草》中称作"博劳"，今动物学书籍中通称"伯劳"。

【历代名人】

三国时期著名的宦官劳彦远，宋代良臣劳因，明代进士、江西九江人劳钺，清代诸生、人称"二劳"的劳泉、劳革，清朝被举为进士而当官的劳崇光……

逄(páng)

【姓氏溯源】

逄姓出自姜姓，起源于3000多年前，炎帝后裔逄伯陵，以国名为氏。据《万姓统谱》记载，炎帝裔孙名叫陵，商朝初年受封于逄，建立了逄国，为伯爵，世称逄伯陵。后来周武王灭掉了逄国，该国的后世子孙便以原国名作为姓氏，这样就有了逄姓，故逄氏后人奉逄伯陵为逄姓的始祖。

【历代名人】

春秋时期"齐晋鞌之战"中拯救齐顷公的逄丑父，春秋时期陈国大夫、逄丑父曾孙逄滑，越国五大夫之一逄同，东汉时期大司马逄安，汉朝不畏权贵、正义爱国的逄萌……

姬申扶堵

姬(jī)

【姓氏溯源】

　　姬姓的得姓始祖为华夏民族的人文初祖黄帝，黄帝因长居姬水，以姬为姓。又据《史记·三代世表》记载，尧立后稷以为大农，姓之曰姬氏。后稷承继姬姓，成为周朝的始祖。

【历代名人】

　　商朝末年周族的领袖周文王即姬昌，周代第一代王周武王姬发，春秋时期的晋国君主姬诡诸，"春秋五霸"之一姬重耳……

百家姓

申

【姓氏溯源】

出自姜姓。远古的时候炎帝神农氏出生于姜水而姓姜,上古周朝子孙后裔申吕,被周王封于申,随后建立申国,子孙以国名为姓氏。源于彝族,出自彝族阿牛氏部落。阿牛氏部落保留着原始母系氏族社会的遗痕,直到民国初年,有官身的头人开始冠以汉姓,其中有改冠单姓为申氏者。

【历代名人】

西周时期申国首任君主申伯,著名春秋时期楚国大夫申包胥,孔子弟子、以倔强著称的申枨,战国时期韩国思想家申不害,春秋时期吴国大夫申叔仪……

扶

【姓氏溯源】

源于姒姓，出自上古时候大禹之臣扶登，属于以先祖名字为氏。传说大禹的属下有个叫作扶登的精明大臣。在扶登的后裔子孙中，有以先祖名字为姓氏者，称扶登氏，后省文简化为单姓扶氏，是扶氏的最早起源，也是非常古早的姓氏之一。该支扶氏族人皆尊奉扶登为得姓始祖。

【历代名人】

汉代学者、传孔子传《论语》的扶卿，汉代学者、著有《道德经谱》三卷的扶少明，北周上甲黄土人、梁朝南洛北司二州刺史、魏时做了罗州刺史的扶猛，明朝文士、万历年间进士、朝廷御史扶克俭……

堵

【姓氏溯源】

堵姓主要有三种源流：一是来源于姬姓，出自春秋时郑国，以封邑名为氏。春秋时期郑国有大夫泄寇，是执政大臣之一，因他被封于堵邑，即今河南省方城一带，所以又称为堵叔。他的后代子孙就以封邑名"堵"为姓。二是出自西周时期乐官堵人，属于以官职称谓为氏。三是出自春秋时期郑国上大夫堵汝父，属于以先祖官职称谓为氏。

【历代名人】

元代诗人、画家，元末为江浙行省检校官的堵简，明朝崇祯十年进士、南明唐王任为湖北巡抚、桂王立任其为兵部尚书的堵胤锡，清代女诗书画家、博通经史、能诗善画的堵霞……

冉 宰 郦 雍

冉

【姓氏溯源】

源于高辛氏，出自帝喾之后，属于以古部落名称为氏。据《元和姓纂》所载，帝喾为炎帝部落联盟首领时，其属下联盟是由八个大部落组成的，其中即有冉氏部落，是非常古老的姓氏之一。

【历代名人】

春秋时鲁国陶人——孔子弟子冉求、冉季、冉耕、冉雍、冉孺，十六国时后赵大臣冉瞻，十六国时冉魏建立者冉闵，唐代大臣冉安昌，宋代名士冉琎、冉璞，明代官吏冉通……

宰(zǎi)

【姓氏溯源】

出自周朝宰父的后代，以官名作为姓氏。宰父是周朝的一个官名，职责是管理王朝的内外事务。宰父官的后代，大多数用祖上的官职作为自己的姓氏，称为宰父氏或宰氏。后来宰父氏也有改成宰氏者，成为宰氏的一支。

【历代名人】

周朝大夫、任周王室太宰的宰孔，中国儒学者、春秋时期鲁国人宰予，汉建武年间代行太守之职的宰晁，明朝时期江宁人、有名的孝子宰应文……

郦(lì)

【姓氏溯源】

是黄帝的后裔。夏朝建立后,夏王禹追封先代遗民,封黄帝后人涓于郦邑,建立郦国。春秋中期,郦国被晋国攻灭,又被周天子封于陈留,以原国名命姓,称为郦姓。

【历代名人】

率部下跟随刘邦进攻秦朝、被汉高帝封为曲周侯的郦商,生于汉桓帝和平元年庚寅的郦姓涿州始祖郦炎,北魏关右大使、《水经注》的作者郦道元……

雍

【姓氏溯源】

出自姬姓,以国名为氏。西周初周朝刚建立时,周文王的第十二个儿子,也就是周武王的兄弟,被封于雍地,就是现今河南省沁阳市一带。这位王子又封为伯爵,所以人称雍伯,雍伯是雍国的创始人。其后人以国名为氏,称雍氏,世代相传,形成了今天的雍姓。

【历代名人】

汉高祖刘邦的武将,因战功而被封为侯爵的雍齿,唐代后期的重要诗人雍陶,宋朝的画家雍献,明朝成化年间举为进士、南京吏部尚书雍泰,明代户部主事、擢广东佥事、历参议致仕的雍澜……

郤 璩 桑 桂

郤（xì）

【姓氏溯源】

出自姬姓，以封地为姓。春秋时，晋献公征伐翟人，公族子弟叔虎奋勇当先，带领晋军攻破翟人营垒，打败了翟人。事后晋献公把郤邑封给他，建立郤国，为子爵，称郤子。他的后代遂以封地为姓，称郤氏。

【历代名人】

春秋时晋国大夫郤犨、郤缺、郤芮、郤克，春秋时晋国将领郤縠，东汉侍中郤巡，三国时蜀汉太守郤正，晋朝雍州刺史、明朝辽东总兵郤永……

璩（qú）

【姓氏溯源】

与蘧姓同源，以邑名为姓。春秋时期，卫国有一位有功的公族子弟被卫国君封于蘧邑，为伯爵，史称蘧伯。蘧伯的后代以蘧为姓。据浙江江山县石梁老谱序记载，晋元帝御笔易"蘧"为"璩"。

【历代名人】

三国时期蜀汉太守璩正，明朝桐城人、先任江西武宁令后升广东道御史的璩伯昆，明朝新城人、举为进士而当官的璩光岳，著名明朝初期民间刺绣艺术家璩贞女……

桑

【姓氏溯源】

源于神农氏，出自炎帝之妻桑氏，属于以先祖名字为氏。据史籍《姓氏考略》记载："神农娶承桑氏，亦作桑水氏，其后有桑姓。"相传，神农氏娶了桑氏之女作为自己的妻子，他们的后代中即有人以桑为姓氏，称桑氏，是非常古早的姓氏之一。

【历代名人】

汉代历任大司农中丞、大司农、御史大夫等职的桑弘羊，汉代学者桑钦，十六国后赵将领桑虞，五代后晋臣桑维翰，北宋将领桑怿，明代雍正年间授工部主事的桑调元……

桂

【姓氏溯源】

出自姬姓，是周王胄的后裔，因避祸改姓。据《桂氏家乘序》的记载，东周灭亡后，原王族周王的后裔姬季桢曾经任过秦国的博士。秦始皇"焚书坑儒"的时候，姬季桢被杀害了。姬季桢的弟弟姬季眭为了逃避株连的命运，就按自己名字的读音suī（眭），将姬季桢四个儿子更改姓名避祸。长子改为桂奕；老二改为昋突；老三改为炅奖；老四改为炔荚。于是有了桂、昋、炅、炔四个同音的姓。桂姓就是姬季桢长子桂奕的后代，世代相传桂姓。

【历代名人】

明朝元乡贡进士桂彦良，清朝文字训诂学家、《说文解字义证》的作者桂馥，清朝道光举人、著有《潜心堂文集》40多种的桂文灿，明朝中期宰相、著有《历代地理指掌》《明舆地指掌图》《桂文襄公奏议》的桂萼……

濮 牛 寿 通

濮（pú）

【姓氏溯源】

源于虞姓，出自虞舜之子姚散的封地，属于以居邑名称为氏。虞舜为炎黄部落联盟首领时，将他的儿子姚散封于濮地，其后代遂以地名为姓氏，称濮氏，后有人省改笔画讹简为同音字"氵"为姓氏，称氵氏。

【历代名人】

著名西汉学者濮仲翁，三国时期东吴大臣濮阳兴，宋代画家濮万年、濮道兴，明朝著名官吏濮阳涞，明末清初金陵派竹刻创始人濮澄，明朝著名将领濮英……

牛

【姓氏溯源】

牛姓出自子姓，是商朝开国皇帝商汤的后裔。周武王灭纣后，封商朝贵族微子于商丘，建立宋国。微子之后有牛父，官任宋国司寇。宋武公时，游牧民族西戎长狄人屡次犯宋，牛父曾率军败敌于长丘。后在一次作战中，不幸壮烈殉国。因其为国而死，后世子孙即以其字为氏，称牛姓。

【历代名人】

东汉名将牛邯，三国时曹仁麾下部将、魏后军将军牛金，唐代宰相牛僧孺，五代后梁宰相牛存节，元代官吏牛兴祖，清代将领牛天昪……

寿

【姓氏溯源】

一是源自周朝。周太王子仲雍的曾孙名周章，居于吴。周武王克商以后，遂封其地，建立吴国。周章十四世孙寿梦主吴时，国势强大，与楚国争抗，故春秋时吴国自寿梦始。寿梦的支庶子孙，有的以祖先名字为姓，形成寿姓。二是彭祖。据《路史》载，彭祖后有寿氏。相传上古时候有位叫彭祖的人，是有名的老寿星，活了800多岁，他的后代有的为了纪念他，就取寿字为姓，于是形成了另一支寿姓。

【历代名人】

汉代兖州太守寿良，汉代方士寿光侯，元代高僧、《静安八咏诗集》的会编者寿宁，清代己丑进士、有开屯裕国之功的寿以仁，清代康熙五十二年癸巳恩科进士寿致浦……

通(tōng)

【姓氏溯源】

源于地名，出自春秋时期巴国大夫的封地，属于以封邑名称为氏。春秋时期，古巴国有个大夫受封于通川，他是巴国君主廪君的后裔，时称"通君"。在其后裔子孙中，有以先祖封邑名称为姓氏者，称通氏，世代相传至今。

【历代名人】

元朝时期的高僧通辨，明朝著有《种松老人》诗集的通润，著名明朝官吏通本仁，清朝时期的高僧通门，清代诗画家、僧人通证，清代诗人、僧人通复，清朝著名将领通嘉……

边扈燕冀

边(biān)

【姓氏溯源】

一是商朝有诸侯国边国，边国国君有伯爵的封号，所以又称为边伯，其后代以边为氏。二是出自子姓。周朝时，宋平公之子御戎，字子边，其后世子孙便以边为姓，成为边姓一支。三是出自满族老姓汉化。改为边姓的满族老姓有边佳氏、博尔济氏、沙拉氏、额尔吉氏等。

【历代名人】

后汉尚书令、著有《诗颂碑铭书策》的边韶，汉代陈留浚仪人、著有《章华赋》的边让，唐朝画家边鸾，北宋进士、累迁太常博士的边肃，元代书画家边鲁，明代文学家边贡……

扈(hù)

【姓氏溯源】

源于姒姓，为大禹王的后代，以国名为氏。大禹的儿子启建立夏朝后，有个诸侯国有扈氏起兵讨伐夏后启。尽管有扈氏人英雄奋战，但寡不敌众，结果战败。有扈氏人后来以原国名命姓，称为扈氏。

【历代名人】

西汉车骑将军扈云，五代时将领扈彦珂，五代后周文学家扈载，宋朝大臣扈蒙，宋朝将领扈再兴，后金大臣扈尔汉，元朝大孝子扈铎……

燕(yān)

【姓氏溯源】

　　燕姓出自姬姓和子姓。周武王姬发打败商纣得天下后，分封各路诸侯。其中有一位叫姬奭的贵族被封到燕地为王。后来燕国被秦国灭掉。姬奭的后代就以国名作为姓氏，称为燕氏。还有一支燕姓可以追溯到商朝。那时有位叫伯倏的贵族被封到燕地，建立了燕国。伯倏的后代也以燕作为姓氏。

【历代名人】

　　孔子七十二贤之一、随孔子游走各地传授儒家学说的燕伋，宋代礼部侍郎、计量发明家燕肃，北宋画家燕文贵……

冀(jì)

【姓氏溯源】

　　一说相传唐尧的后代，在西周时有被封在冀亭的，即建立冀国。后来，冀国被虞国所灭，冀国的公族后代遂以原国名命姓，称冀姓。另一说春秋时期，晋献公灭掉了虞国，冀遂成晋邑。后来晋国大夫郤芮因迎立晋惠公有功，被封于冀，世称冀芮。他的子孙以封邑命姓，称冀姓。还有说是源于姜姓，出自远古时期三苗九黎族人的居地冀，属于以地名演化的图腾信仰为氏。

【历代名人】

　　北周骠骑大将军冀俊，金代进士、工诗善画的冀禹锡，明代学者冀元亨，明代大臣、著有《桃园草》《庸言》的冀述，明代大臣冀绮，清代刑部主事冀如锡……

郏 浦 尚 农

郏(jiá)

【姓氏溯源】

出自姬姓,是周文王姬昌的后裔,以地名为氏。据《元和姓纂》的记载,周成王姬诵定鼎于郏鄏,他的子孙中有迁往这个地方居住的,于是改为郏姓。原来就居住于这个地方的人,也改称郏姓。

【历代名人】

春秋时被嗣立为王的楚国王孙郏敖,唐朝名宦郏滂,北宋撰写了《吴门水利书》4卷的水利学家郏亶,宋代将仕郎郏侨,清代著名画家郏伦逵……

浦(pǔ)

【姓氏溯源】

出自姜姓,是西周时期姜太公的后代。春秋时期,姜太公的后人有奔于晋国的,做了晋国大夫。因为被封于浦,于是以浦作为姓氏,称为浦氏。

【历代名人】

三国时期魏国学者、著有《平章记》十余卷的浦仁裕,明朝著名画家浦源,明朝大臣浦铉,明朝监察御史浦镛,明朝唐府教授、著有《诗学正宗》《修辞指南》的浦南金,清朝官吏浦起龙……

尚

【姓氏溯源】

一是出自姜姓，是姜太公的后裔。姜太公名尚，字子牙，辅佐周武王推翻了商王朝，被封于齐，是为齐太公。太公在周朝为太师，故又称太师尚父，简称为师尚父或尚父。他的后代子孙便以他的名字为姓，称为尚姓。二是以官职为氏。秦始皇统一全国后，设有六个带"尚"字的官职，即尚衣、尚食、尚冠、尚席、尚沐、尚书，这"六尚"之官的后裔，有的以祖先职官为姓，也称为尚姓。

【历代名人】

唐代吐蕃大相尚结赞，唐代尚书右仆射尚可孤，宋代诗人尚长道，元代戏曲家尚仲贤，明代岳阳令尚达，清代画家尚兆山，清代将领、平南亲王尚可喜，现代京剧代表人物之一尚小云……

农

【姓氏溯源】

源于官职，出自古代官吏农正，属于以官职称谓为氏。在上古时期，少昊设立负责农政的官员为农正，全称为"春扈氏农正"。据史籍《史记·三代世表》的记载，到了尧帝时期，"尧立后稷，以为大农，姓之曰姬氏"。大农就是当时主管农政的官职。西周时期，"春扈氏农正"简称为"农正"，农正下属有农师、农史、农役。其后裔多有以先祖官职称谓为姓氏者，称农氏、春氏、扈氏等，世代相传至今。

【历代名人】

明代淳安县县令农猷，明永乐年举人农益，明宣德年间任靖州学正、名儒农志科……

温 别 庄 晏

温

【姓氏溯源】

一说源于己姓,出自颛顼帝高阳氏的后裔夏朝大臣平的封地,属于以封邑名称为氏。距今已有约四千年的历史。一说源于己姓,出自商末周初大司寇苏忿生的后裔,属于避难改姓为氏。一说源于姬姓,出自春秋时期晋国大夫郤至的封地,属于以封邑名称为氏。

【历代名人】

古温国立国者温平,春秋时期晋国卿大夫温季,史书上最早记载的温姓著名人物、汉功臣温疥,汉朝御史温序,三国时曹魏大臣温恢,曹魏扬州刺史温羡,东晋名臣、名将温峤,北魏著名文学家温子升,宋末元初画家温日观,清代宰相温达……

别(bié)

【姓氏溯源】

别姓起源于西周时期的别子,别子是周初两次封建的产物。其发源地在陕西古长安京畿邠州地域,即现西安市西北一带。

【历代名人】

唐代尚衡举义兵讨贼时的牙将别惨;宋朝郓州人、嘉定年间进士,官至端明殿学士、加兵部尚书的别之杰;元朝名将别的因……

庄

【姓氏溯源】

出自芈姓,是春秋时期楚国王族之后,楚国君王芈旅去世后,谥号为"庄",即历史上的楚庄王。楚庄王的支庶子孙,以祖上谥号为姓,成为庄氏。

【历代名人】

战国时期思想家、哲学家庄周,战国时楚襄王大臣庄辛,西汉道家、文学家庄忌,南宋大臣、学者庄夏,明代万历年间进士庄起元,清代学者庄有可,清代官吏、经学家庄述祖……

晏（yàn）

【姓氏溯源】

春秋时期的齐国大夫晏弱被分封于晏，也就是今天的山东省齐河县西北的晏城，所以他以晏作为自己的姓氏。他的后代也沿用晏姓，形成了晏姓。

【历代名人】

春秋时齐国相国晏婴，北宋"神童"、著名词人晏殊，宋代棋师晏天章，宋代吏部侍郎晏顿复……

柴瞿阎充

柴

【姓氏溯源】

柴姓部分源于炎帝的姜姓，部分出自春秋时期齐文公十八世孙高柴，属于以先祖名字为氏。据《通志》载："柴氏，姜姓。齐文公子高之后。十世孙高柴，仲尼弟子。柴孙举，又以王父字为柴氏。汉有棘蒲侯柴武。裔孙守礼。五代周太子无子，以守礼子荣为嗣，是为周世宗。"

【历代名人】

西汉时期高祖之大将军柴武，唐朝开国元勋柴绍，后周世宗皇帝柴荣，大宋王朝第一位浙江籍状元柴成务，南宋绍兴元年进士、累官右文殿修撰的柴中行，明朝开国功臣柴虎……

瞿（qú）

【姓氏溯源】

一说商朝大夫因受封于瞿上，居住的人就以瞿上地名为姓，从而形成瞿姓。一说春秋时孔子的弟子商瞿，因生于四川双流县，居于瞿上，故名商瞿，其旧居称为"商瞿里"，后来这里的人分别以地名取商姓和瞿姓。

【历代名人】

明朝开国将领瞿通、瞿能、瞿陶，明初著名文学家瞿佑，明苏州府人、著有《留余堂集》《学古斋集》的瞿俊，明代理学家瞿九思，南明文渊阁大学士瞿式耜……

阎（yán）

【姓氏溯源】

一是出自姬姓。为黄帝裔孙后稷之后，以封地名为氏。据《元和姓纂》《阎乡家乘》等所载，相传有裔孙后稷，承袭姬姓，北周人尊为始祖。十二世孙古公亶父又称太王。他有泰伯、仲雍和季历三子。周武王时，封泰伯的曾孙仲奕于阎乡。仲奕的后代遂以封地阎作为姓氏。二是出自芈姓。楚国公族，有阎敖。出自楚国王族伯玙的封地，属于以封邑名称为氏。阎敖的后人遂以封邑为姓。

【历代名人】

汉代河南荥阳女子、于东汉安帝时贵为皇后并统御六宫的阎姬，南北朝北魏随郡太守阎元明，北魏东秦州敷城太守阎庆胤，唐代画家阎立德、阎立本，唐贞元末历婺润二州刺史、累官至福建浙西观察使的阎济美，宋代画家阎次平……

充（chōng）

【姓氏溯源】

源于官位。充人是西周时期设置的一种官位，其职专门掌管饲养祭祀的各类牲畜，隶属于地官府司管辖。据史籍《姓谱》《姓氏急就篇》等记载，在古代，人们非常注重祭祀活动，王朝每年都需要大量的牲畜来祭祀天地和祖先。因此，专门设有"充人"一职。在充人的后裔子孙中，有以先祖官职称谓为姓氏者，称充人氏，后省文简化为单姓充氏。

【历代名人】

战国时跟随孟子学习的充虞，秦朝时善于向天神祈祷、向人们转告天神的示意的充尚……

慕 连 茹 习

慕

【姓氏溯源】

源自高辛氏,是帝喾的后裔。远古时,有个黄帝后代叫"封",他到东北部去建立了鲜卑国。他取姓慕容,意在发扬光大传统文化,"慕二仪之德,继三光之容"。后来慕容姓的后人,有的地区又简化为慕姓。

【历代名人】

唐渤海国大将军慕施蒙、慕昌桂,宋朝奉大夫慕伉,元朝刑部侍郎慕完,清朝由顺治年间举进士而当官的知钱塘县慕天颜,清代潜心经史并著有《述德堂大小塾课先人言》的慕甲荣……

连

【姓氏溯源】

一说出自高辛氏,远古颛顼之后,以祖字为氏。颛顼的曾孙陆终的第三个儿子名叫惠连,他的后代于是就以他们祖先的字作为姓。一说出自芈姓,以官名为氏。春秋时期,楚国公族有连敖、连尹的官职,后来这两个官职就作为姓氏传了下来。

【历代名人】

著名唐朝文士连总,宋仁宗年间举进士、调商水尉及寿春令的连庶,宋代历任中书舍人、徽猷阁侍制、擢显谟阁学士、知建康府、加兵部尚书衔等职位的连南夫,宋朝著名诗人连久道……

百家姓

茹

【姓氏溯源】

一是出自如姓。汉代有如淳，其后代子孙在"如"字上加草字头为茹姓。二是出自古代柔然部族。北魏时郁久闾氏建立柔然国，柔然国也称作蠕蠕、茹茹。西魏时，柔然族为突厥所破，并入突厥，其部族后人多以族名茹为姓。三是南北朝时，后魏时代北有三字姓普六茹氏，入中原后改为茹姓。四是源于职业，出自古代茹人，属于以职业称谓为氏。茹人，亦称茹者，是古代城池之间的一种职业人官称，受领官家俸禄，但无官职，也就是专门收拾和处理生活垃圾的职业人。

【历代名人】

南齐时东昏侯的宠臣茹法珍，南朝齐权臣茹法亮，北魏文帝的著名冠军将军茹皓，唐朝水利家茹汝升，明朝画家、书法家茹洪，清代乾隆时状元、兵部尚书茹棻……

习

【姓氏溯源】

源于国名，出自春秋时期习国，属于以国名为氏。中国古代有个习国，以地为名。习姓出自地名"少习"，春秋时的一个地名。《春秋释例》云："少习，上雒商县武关也。""少习"即名少习山，当地的居民就以地名为姓氏，为习氏。

【历代名人】

汉光武帝时封襄阳侯的习郁，蜀汉时零陵都尉习珍，东吴襄阳人、为官清正廉洁的习温，东晋史学家习凿齿，晋朝著名将领习辟缰，明朝文学家习经，明朝大臣习嘉言……

宦 艾 鱼 容

宦（huàn）

【姓氏溯源】

出自阉宦以外的仕宦人家，以官称为氏。大明正德年间，由皇帝赐姓于太子太保满门姓宦。宦姓开始盛行。据清代《姓氏五书》载："宦姓当取意于仕宦，不以阉宦为姓，今贵州遵义具有此姓，江苏丹阳、江苏江都亦多。"又《姓苑》载："宦姓，望族出东阳。"

【历代名人】

明朝著名大臣宦绩，清朝著有《六书略平议》《说文疑证编》《播变记略》《论语稽》《两论蠡测》《读史记稗言》《读前汉书私记》《窦数室备忘录》《纪程》《萃斋文集》《萃斋诗集》《萃斋诗余》的宦懋庸……

艾（ài）

【姓氏溯源】

艾姓，最早起源于夏朝少康帝中兴大臣汝艾，其后人以艾为姓。汝艾祖籍天水，故天水为艾姓发扬之郡。

【历代名人】

商朝艾侯，唐朝镇军辅国大将军艾朝，唐朝书法家艾居晦，宋朝画家艾宣、诗人艾可叔，元朝名医艾元英，明朝征西前将军艾万年、礼部侍郎艾常富，清朝刑部尚书艾元徵、武显将军艾肇昌……

百家姓

鱼

【姓氏溯源】

鱼姓是中国一个古老的姓氏，主要出自子姓，得姓始祖是春秋时期宋国君主宋襄公的庶兄子目夷（字子鱼）。子鱼的子孙有一支以先祖的字为姓，称鱼姓，一直流传至今。还有出自伯益的后裔，属于以先祖复姓省文简化为氏。伯益是东夷族首领少昊之后，女祖为黄帝族颛顼之孙，系嬴姓诸国的受姓始祖。伯益的后裔子孙分衍有十四支，其中的一支后裔因分居于修鱼而称修鱼氏。一直到了春秋时期，修鱼氏多省文简化为单姓鱼氏、修氏，世代相传至今。

【历代名人】

《左传》载官拜宋国右师的宋国人鱼石，汉时以业贾致富而传名的鱼翁叔，三国时史学家鱼豢，三国时官拜右将军的鱼遵，唐中叶权倾当朝的大宦官鱼朝恩，北宋御史中丞鱼周恂……

容

【姓氏溯源】

相传黄帝有个史官名容成，他是历法的最初制定者。他还会修炼论道，懂得采阴补阳之术，后道家尊称容成真人。而容氏就是他的后人为纪念他而定的。黄帝还有另一位臣子容援作钟，他的后人就以容为姓氏。而在帝舜明高阳氏时，舜的儿子中有一位名为仲容，是为不可多得的贤才，他的后代中也有以容为姓的。

【历代名人】

金朝知府官员容萱，明朝著有《云岚集》、时人称为"孝行先生"的容悌舆，明朝进士容若玉，清朝维新派容闳……

向 古 易 慎

向

【姓氏溯源】

在夏朝时,炎帝儿子向垚就在陕西建向国,这是向姓的始祖。春秋时期,宋国君主宋桓公的第四个儿子名叫子肹,字向父,子肹的孙子名子戎,出任宋国左师,主掌国政,并建立大功。子戎又名向戎、向子戎,其后裔子孙延续相传。

【历代名人】

魏晋"竹林七贤"之一、著有《思旧赋》《难养生论》的向秀,隋末农民起义军领袖向海明,南宋名将向士璧,明朝历任靖宁州判官、监察御史、知府的向侃,清代将领向荣……

古

【姓氏溯源】

出自姬姓。周族先祖古公亶父的后代子孙,以古为氏。出自苦成氏。周代有大夫受封于苦城,其后人以讹音古成为氏,以后去成单姓古,称古氏。出自南北朝时北魏鲜卑族吐奚氏,吐奚氏入中原后改为单姓古氏。

【历代名人】

后魏灵寿侯、吏部尚书古弼,宋代潮州太守古革,宋朝著名文学家古成之,宋朝名医、藏书家古太素,明朝兵部侍郎、户部尚书古朴,明代画家古其品……

| 百家姓

易

【姓氏溯源】

战国时期中山国被灭以后，其王室后代后来被秦国迁至太原，再逐渐南迁，分散于湖南、湖北和江西等地，并改姓易。源于姜姓，出自姜太公后裔，属于以封邑名称为氏。源于姬姓，出自周文王之十五子毕公高之后，属于以封邑名称为氏。

【历代名人】

汉代四征将军易洸，三国时魏国武将易恺，晋朝官吏易雄，唐末状元易重之孙、宋太宗时官至大理丞的易延庆，唐朝诗人易常亮，北宋画家易元吉，南宋大臣易祓，南宋将领易青，明朝大臣易仿……

慎（shèn）

【姓氏溯源】

第一个渊源：源于姬姓，出自春秋时期的禽滑厘之后，属于以先祖名字为氏。春秋时期的禽滑厘是墨子的弟子，他的字为慎子，其后代以他的字作为姓氏，形成慎氏。第二个渊源：源于芈姓，出自春秋时期楚国白公胜后裔的封地，属于以封邑名称为氏。春秋时期的楚国太子白公胜的后裔中有的被封在慎邑，他的子孙便以邑名作为姓氏，称为慎氏。

【历代名人】

战国时期韩国大夫、法家慎到，汉文帝刘恒的宠妾慎夫人，北宋初期文士慎知礼，宋朝狂士、画家慎东美，宋朝官吏慎钺，明朝大臣、学者慎蒙……

戈 廖 庾 终

戈(gē)

【姓氏溯源】

出自夏朝东夷族的寒国，以国名为氏。伯明之子名浞，因属寒国人，故史称寒浞。他杀死后羿当了国君，篡夺了夏朝政权，自立为王，封他的一个儿子浇在过国，另一个儿子封在戈国，为夏王朝附庸国。后来，少康中兴，灭掉戈国。原戈国后代子孙遂以国名命姓，乃称戈氏。

【历代名人】

明代著名画家戈汕，清代著名画家戈文，清代嘉庆年间任大学典薄、著有《韵表互考》《韵类表》等著作的戈载，清代诗人、文学家戈涛，清代著名画家戈宙琦，清代园林家戈裕良……

廖(liào)

【姓氏溯源】

出自己姓，为上古时期廖叔安之后裔。相传帝颛顼有个后裔叫叔安，夏时，因封于廖国，故称廖叔安，其后代以国为氏，称廖氏。

【历代名人】

东汉学者廖扶，南北朝梁国湘籍儒士廖冲，北宋崇宁进士廖刚，明宣德进士廖庄，明末四川农民起义首领廖惠，清代历任吏部尚书、军机大臣廖寿恒，清代文学家、著有《二十七松堂集》的廖燕……

庾（yǔ）

【姓氏溯源】

庾姓源出有三：一出自颛顼高阳氏，以官名为氏。二出自以官名为氏，上古周朝时，管理粮仓的官员叫"庾廪"，因为世代以此官职而有功，被赐予庾姓，其后代亦以官名为姓，相传姓庾。三源于姬姓，出自春秋时期卫国神箭手庾公，属于以先祖名号为氏。姬庾，是春秋时期卫国的第一神箭手，曾跟郑国神箭手尹公之他学习射箭，后青出于蓝，百发百中，时称"庾公之斯"，后人以此为荣，便以先人名号为氏。

【历代名人】

晋明帝司马绍的皇后明穆皇后庾氏，东晋历仕元帝、明帝、成帝三朝、集军政大权于一身的庾亮，东晋初年名将庾翼，北周文学家庾信，隋元德太子学士庾抱……

终

【姓氏溯源】

源出有二：一是出自高阳氏，是黄帝孙颛顼的后裔，以祖字为氏。据《元和姓纂》载，颛顼有子老童，老童生子吴回，吴回生子陆终，陆终的孙子以祖父的字为姓，称为终姓。此支终氏望出济南、南阳。二是出自妊姓，以祖字为氏。夏朝有太史令终古，他的后世子孙以其名字中的"终"字为姓，也称终氏。

【历代名人】

夏朝的著名官员终古，西汉以善于说理和写文章出名的终军，汉代校尉史终带，唐朝时任县官的终郁，明代鸿胪寺主簿终其功……

暨居衡步

暨(jì)

【姓氏溯源】

一是以封地名为氏。彭祖的后代在商代做伯爵，他的后代有被封在暨的，暨在今天的江苏省江阴县东莫乡城，他的后代子孙于是就以封地暨为姓。二是出自概氏所改。春秋时吴王夫差的弟弟夫概，其子以概为氏。后为避仇改为暨氏。三是他姓中有的为既姓，而"既"与"暨"互为通假，而误改为暨氏。

【历代名人】

汉朝大臣暨良，三国时期吴国尚书暨破，东晋大臣暨逊，南汉指挥使暨彦，南朝陈国大臣暨慧景，唐朝官吏暨是、暨里，著名五代时期官吏暨贝斌……

居

【姓氏溯源】

居姓出自杜姓。相传周大夫杜伯的儿子在晋国做官，被封在先邑，他的子孙于是以邑为姓，称为先姓。又因其后代先且居打败秦军很有名，后人便以他的名字中的"居"字作为姓氏，称为居氏，世代相传。

【历代名人】

汉朝与建成侯敖等合谋、杀余善降汉、被封为东城侯的居股，汉代因劝谕瓯骆民40余万归汉而被封为汀成侯的居翁，明朝吴县人、擅长于书法绘画的居节，清代画家居仁……

衡

【姓氏溯源】

一是出自伊姓。商汤有贤臣伊尹，因为在灭夏过程中功劳最大，商汤封他为尹，并封了个尊号"阿衡"。伊尹的后代子孙就以伊尹尊号中的"衡"字命姓，称衡姓。二是出自姬姓。周公长子伯禽封于鲁，建立鲁国，他的后代有公子衡，其子孙以祖上名字命姓，称衡姓。三是出自地名。三国时，曹操于官渡之战打败袁绍，袁绍的几个儿子又自相残杀，袁姓部分族人逃到湖南衡山隐居避难，以居住地名为姓，改姓衡。

【历代名人】

精通《周易》的西汉大臣衡胡，汉朝苍梧太守衡毅，东汉卫尉卿衡方，东汉学者衡咸，明朝大臣衡岳……

步

【姓氏溯源】

出自姬姓，是以封邑命名的姓氏。春秋时期，晋国大夫叔虎，他有三个儿子：称、芮、义。义后来生了扬，扬被封于步邑。人称步扬。他的后代于是以邑为姓，称为步氏。

【历代名人】

春秋末年孔子弟子并以贤名配祀孔庙的步叔乘，三国时期迁居到江东去隐居避难后被孙权召为主记并封为临湘侯的步骘，晋朝爱好占卜术、门徒众多的步熊，宋朝江西总管步谅……

都 耿 满 弘

都（dū）

【姓氏溯源】

都姓始祖公都子，战国时期齐国人，孟子学生。据《孟子·孟季子问公都子》记载，春秋时，楚国有公子田，受封于都邑，所以称为公都氏，他的那一支子孙，有单姓都的，就成为都氏的一支。

【历代名人】

汉代的临淄侯都稽，汉代名人都蔚朝，北魏古都军都贵，宋朝大臣都随，宋朝大司农都光远，明代的都胜、都穆、都任……

耿

【姓氏溯源】

相传在今河南温县东部一带，在商朝时被称为邢，由于与耿字的读音相近也称耿。盘庚南迁时，不愿南迁的人，便以地名为姓氏，成为历史上最早一批以耿为姓的人。另一支以国为姓。春秋时，晋献公灭耿，原耿国后裔逃往他国，以国为姓，是为耿姓。

【历代名人】

西汉历算家、经济家、关内侯耿寿昌，东汉将领耿纯、耿况、耿弇、耿霸、耿秉、耿恭，北魏将领耿豪，隋朝天文学家耿询，唐代诗人耿湋，南宋山东抗金农民起义军领袖耿京……

满

【姓氏溯源】

出自妫姓。为先帝舜的后代,以祖字为氏。西周初,周文王打败商国以后,将舜的后裔胡公满封在陈这个地方,建立了陈国。春秋时期陈国被楚国打败,陈国灭亡。陈国的子孙于是将开国元首的名字作为自己的姓氏,姓作满,同时也有的以国名为姓,姓作陈的。

【历代名人】

三国时魏国太尉满宠,晋朝时期任职司隶校尉的满奋,明朝万历进士、咸宁令满朝荐……

弘

【姓氏溯源】

弘姓源流纯正,源出有一:出自姬姓,以祖上名字为氏。春秋时期,卫国有个大夫叫弘演,是个被国君器重的能人。弘演的后世子孙,就以其名字中的"弘"字为姓,成为弘姓。弘姓家族本来很昌盛,但到了唐代,唐朝皇族中李弘被立为太子,天下要避讳用弘字作为姓名。于是弘姓就大部分改为李姓;另一部分改为洪姓。隔了好几代人后,弘姓才被恢复,有些则沿用改姓后的李、洪姓,故后来弘姓就成了历史上的罕见姓。

【历代名人】

春秋时期卫国大夫弘演,汉朝著名宦官、中书令弘恭,汉代名儒弘成子,清代著有《通雅》《炮庄》《古今性说》《浮山集》的弘智,清代画家、僧人弘仁……

匡国文寇

匡（kuāng）

【姓氏溯源】

主要起源上古时期有一个古匡国，故址在匡山脚下，汉朝时期称广济，即今湖北省黄冈地区的武穴市一带。还有出自春秋时期鲁国大夫施孝权之家臣句须为匡邑长官，其孙后便以匡为姓，属于以封邑名称为氏。

【历代名人】

战国齐将领匡章，西汉大臣、经学家匡衡，南朝齐国大孝子匡

昕，金、元期间将领匡才，明初将领匡福，明朝大臣匡翼之，清代大臣匡源……

国

【姓氏溯源】

部分出自姜姓，以官称为氏。据《左传》载，西周至春秋时期，齐国有一个公室宗族世代为辅国正卿，故以"国"为氏，此支国氏为姜太公的后代。部分出自姬姓，以祖字为氏。据《元和姓纂》载，春秋时期郑国国君郑穆公之子公子发，字子国。子国的儿子公孙侨字子产，在郑国执政30多年，是春秋时著名政治家。子产的儿子以祖父的字命氏，称国氏。

【历代名人】

春秋时郑国大夫、孔子曾称为"古之遗爱也"的国侨，三国时魏国太仆国渊，清代楚雄镇总兵国柱……

文

【姓氏溯源】

一是出自周代卫国将军文子之后。据《姓氏考略》等所载，西周初年建立的卫国，至春秋时期的卫献公时，有个将军叫孙文子，是个很有声望的人物，孙文子的子孙有以祖字为氏，称文氏。二是出自姬姓，是以谥号命名的姓氏。周朝西伯侯姬昌，以贤臣姜尚为辅佐，先后吞并了虞、芮、黎、崇等国，并建丰邑（今陕西长安沣水以西）作为国都，形成了"三分天下有其二"的局面，去世后，被追谥为周文王。其后代便以谥号文为姓。

【历代名人】

春秋越国名臣文种，东汉末年河北名将文丑，北宋著名画家、诗人文同，北宋宰相文彦博，南宋民族英雄文天祥，明代著名书画家文徵明，清代小说家文康，清代洋务派首领之一文祥，清代政治名人文廷式……

寇(kòu)

【姓氏溯源】

一是以官名为氏。上古周朝时，昆吾人的后人苏忿生为周武王司寇，其子孙以官名为姓，相传姓寇。二是出自姬姓。亦是以官名为氏。周朝初年时，卫康叔为周司寇，支孙以官为姓，亦相传姓寇。又春秋时卫灵公的儿子公子郢的子孙为卫国司寇，其后人以寇为氏。三是出自古代少数民族姓氏。

【历代名人】

东汉名将寇恂，东汉罗侯寇氏之子、蜀汉昭烈帝刘备的义子寇封，南北朝魏官员寇俊，北宋政治家、诗人寇准……

广 禄 阙 东

广

【姓氏溯源】

属于以先祖名字为氏。相传古人广成子，是位难得的贤人，他为了修身养性，隐居在崆峒山石屋。黄帝经常拜访他，以求治国安邦的大道理。他的后人先以广成为姓，后简化成广。

【历代名人】

汉朝将领广勇，宋朝赣州通判广汉，明朝洪武年间举楷书吏、后任中书令的广嵩，清朝湖南巡抚广厚……

禄

【姓氏溯源】

一是出自子姓，以祖字为氏。上古商朝的末代王叫纣王，纣王有个儿子叫禄父，后来禄父的孙子取禄字为姓，世代相传。二是出自以官职为氏。周朝的司禄之官，大约是主管分配俸禄，就是分配钱粮给官员的人。他们的子孙以此为荣，就取"禄"字为姓。

【历代名人】

唐代吐蕃大相禄东赞，宋代回鹘可汗王禄胜，明代文人禄存，清代大臣禄康，清代将领禄成，清朝巾帼英雄、袭镇王府的陇庆侯的母亲禄氏……

阙（què）

【姓氏溯源】

一是出自夏王朝时期，大夫关龙逄的后裔，关龙逄遇难后，其后裔迁入阙党，属于以居邑名称为氏。根据史籍《风俗通义》的记载，阙氏承阙党童子之后，东汉时期，"阙党"之称改为"阙里"。二是出自商代诸侯国"阙巩"，以盛产优质铠甲"阙巩之甲"而闻名，此国的王族以及国民以"阙巩""阙门"为氏，后简化为单姓阙氏。

【历代名人】

春秋时中侍大夫阙羽三，汉代胶东内史、西汉经学大师鲁申公的学生阙门庆忌，南宋中侍大夫阙礼，明代平凉知府阙清，明朝崇祯进士阙士琦，清代著名画家阙岚……

东

【姓氏溯源】

东姓起源于远古时期，相传舜有七个朋友，他们的名字是雄陶、方回、续牙、伯阳、东不訾、秦不虚、灵甫。东不訾的后代，有的就用"东"作为自己的姓氏，遂成东姓。据古书记载说，东不訾这支东姓，源自远古的伏羲氏。伏羲部落在舜帝时仍是极受尊重的。另外，大禹的后裔东楼公被封于杞国，东楼公的子孙便以他的名为姓了。

【历代名人】

元朝商州总兵东良会，明朝中期任御史、在危急时救护了明武宗的东郊……

| 百家姓

欧 殳 沃 利

欧

【姓氏溯源】

出自姒姓。与欧阳姓同宗。夏朝帝王少康的儿子无余,被封于会稽,建立了越国,为诸侯国。到春秋的时候被楚国所灭,无余的后代蹄被封于乌程欧余山的南部,以山南为阳,所以称为欧阳亭侯,其子孙于是以封地山名和封爵名为姓氏,形成了欧、欧阳、欧侯三个姓氏。

【历代名人】

春秋时的匠人欧冶子,东汉时期著名的孝子欧宝,元代起义军将领欧普祥,明代嘉靖时期国子博士欧大任,明朝将领欧信,明朝将领欧磐,明代学者欧道江……

殳(shū)

【姓氏溯源】

出自姜姓,属于帝王因功获赐的姓氏。相传,炎帝神农氏的子孙伯陵的妻子缘妇为伯陵生了三个儿子,第三个儿子名叫殳,是箭靶的发明者。因此,帝尧封他为殳侯,赐他以殳为姓,称殳氏。

【历代名人】

汉朝著名学者殳季真,明朝福建漳州知府殳文,明朝画家殳君素,明朝山水画家、殳君素之子殳胤执,明朝时有名的孝子殳帮清,清朝女诗人、书法家殳默……

沃

【姓氏溯源】

源出子姓，商王沃丁的后人，以祖名为氏。起源于商代，殷商的第六世帝王名沃丁，是太甲的儿子。相传，太甲曾因不理朝政而被大臣伊尹放逐曲沃，三年后，他悔悟改过，又被接回复位，励精图治，国日强盛。太甲死后，沃丁即位，在位19年，商朝更加强大。沃丁死后，其后世子孙有的就用他的名字"沃"作为自己的姓氏。

【历代名人】

汉代隐士沃焦，明代抗倭将领沃田，明代温县知县沃墅，明代成化进士沃頖……

利

【姓氏溯源】

源于高阳氏，出自春秋时期楚国老子的祖先，以祖字为氏。上古商代时，有位王族叫理利贞，为了逃避商纣王的迫害，曾路经一棵李树下以李子充饥，后来就改姓为李利贞。李利贞的十一世孙李聃，被后人尊为道家创始人，就是老子。老子后代中，有的为纪念远祖中的王族李利贞，取利字为姓，世代相传。

【历代名人】

西汉时期名丞相利仓，汉代武将利几，宋朝学者、举进士而当官的利元吉，明朝历任赣县主簿、四川安岳县令的利本坚……

蔚 越 夔 隆

蔚(yù)

【姓氏溯源】

源于姬姓,出自西周晚期郑国公子翩的封地,属于以封邑名称为氏。西周晚期,周宣王封侄儿公子翩于蔚邑,并为其专门设置了蔚州。因此,世人又称公子翩为蔚翩,他的后代子孙遂以其名命姓,称为蔚姓。

【历代名人】

宋代武将蔚兴,宋代保静军节度使蔚昭敏,明代弘治进士蔚春,明代礼部尚书蔚能……

越

【姓氏溯源】

出自姒姓,越王勾践的后代,以国名为氏。春秋时,越国破秦灭楚,越国的公族子孙有的便以原国名命姓,称越氏。源于姒姓,出自大禹的后代,属于以国名为氏。据史籍《国语·贾逵注》记载,夏帝少康的庶子被封于会稽,自号为越国,他的后代以国为姓,望族出于晋阳。

【历代名人】

春秋时楚昭王姬妾、越王勾践之女越姬,春秋时齐国人越石父,明代泸州知州越英,明朝万历年间举人越其杰……

夔（kuí）

【姓氏溯源】

相传在尧帝和舜帝时，有个叫夔的乐正，在后来先秦时期的史籍《吕氏春秋》上也有"夔一足"的记载。鲁定公姬宋曾向孔子请教："'夔一足'怎样理解，是否他真的只有一足？"孔子回答说："古舜帝为用音乐作辅助，使天下安定，于是让夔出任乐官，让他主持这方面的工作。后来人们称这位乐官叫夔一足，误传只有一条腿。"在夔的后裔子孙中，有以先祖的名字为姓氏者，称夔氏。

【历代名人】

著名东晋十六国时期后赵政权丞相、军事家夔安，明代著名官吏、学者夔信……

隆

【姓氏溯源】

源于春秋时期鲁国隆邑。属于以居邑名称为氏。根据史籍《姓氏考略》上的记载，隆邑，原是春秋时期鲁国的属地，故址在今山东省德州市临邑县一带，一说在山东省泰安市乡城，有待进一步考证。后来居住在隆邑的住民中，有以居邑名称为姓氏者，称隆氏。

【历代名人】

西周时期楚国大司马隆睢，东汉光武时任安邑主宰的隆尔太，北宋时期太原刺史隆方泰，元初任湖南宝庆总兵的隆万玉，明代御史隆英，明朝举进士而当官的隆光祖……

师 巩 库 聂

师

【姓氏溯源】

以官名为姓。夏商时代,管理乐技职官名师,如上古师延,商代师涓等。周朝也有师尹之官,掌管音乐歌咏。这些人的后代子孙遂以官职为姓,乃成师姓。

【历代名人】

轩辕黄帝时期的乐官师延,春秋时期郑国大夫师叔,西汉大臣师丹,东汉书法家师宜官,宋朝良吏师范,明代吏部尚书、监察御史师逵……

巩

【姓氏溯源】

出自姬姓,是以地名命姓的姓氏。周朝周敬王有个同族卿士简公受封于巩邑,称为巩简公。巩简公执掌朝政时,由于破格录用从各诸侯国来的人士,引起了王族子弟的不满。后来王子朝作乱,将他杀害了。他的子孙便以原封邑名"巩"命姓,称巩氏。

【历代名人】

春秋时期晋国的新上军将巩朔,宋朝大臣、学者、教育家巩庭芝,宋朝大臣巩湘,南宋诗人巩丰,南宋大臣、著有《厚斋文集》八十卷的巩嵘……

厍(shè)

【姓氏溯源】

源于官位，出自古代职守仓库的大夫，属于以官吏称谓为氏。周朝至汉朝时期，历朝历代皆有守库大夫这一官职。在古代，"库""厍"二字通假通用，因此其姓氏亦分称库氏、厍氏。但是"厍"字于隋朝初年改为"库"，厍姓也就并入了库姓，厍姓今已无存。

【历代名人】

汉代金城太守、受封为辅义侯的厍钧……

聂

【姓氏溯源】

聂姓起源主要有四个方面：一是出自姬姓。据《元和姓纂》所载，春秋时卫大夫食采于聂，子孙以地为氏。二是出自姜姓。据《姓氏急就篇注》所载，春秋时齐国丁公封其支庶子孙于聂城为齐国附庸，称聂国。后世子孙以国为氏。三是古有地名聂北，春秋时属邢国，亡后属齐，居者以地为氏。四是出自他族有聂姓或改聂姓，宋时犹太人入中国，在元、明时采用汉姓，其中有聂姓。

【历代名人】

西周曾任卫国少师、位列三孤的聂芳，三国时期曾任吴国郁林太守的聂友，南北朝时期的画家聂松，唐代诗人聂夷中，元代曾任并州府总督的聂王圭，明代翰林学士、书画明家聂大年……

晁 勾 敖 融

晁（cháo）

【姓氏溯源】

出自史氏。也是以祖名为姓。春秋时期，卫国有大夫史晁，他的子孙后代便以晁作为他们的姓氏。

【历代名人】

西汉著名的政治家晁错，任后燕成武帝慕容垂太史郎的晁崇，北宋注释御集检阅官、著述有《文林启秀》《晁宗悫文集》《外制集》的晁宗悫，宋代诗人晁端友……

勾（句）（gōu）

【姓氏溯源】

以官名为氏。据《山海经》载，有困民之国，勾姓。为此姓之始。勾又写作"句"。相传帝少昊的一个儿子名重，死后被封为木正，为五行神之一，号称勾芒。他的后世子孙以"勾"为姓。勾姓在南宋时为避宋高宗赵构的名讳，改为"句""钩"等姓，但是音不变。

【历代名人】

春秋末年卫国人、孔子门人勾井疆，战国时楚国人、数有战功、官至左将军后又被封为宕渠侯的勾博学，宋代成都新繁人、崇宁二年进士及第并调嘉州法掾、川陕铸钱司属官的勾涛，宋代画家勾处士，宋代宫廷画家勾龙爽……

敖（áo）

【姓氏溯源】

一是源自颛顼。相传古帝颛顼的老师叫大敖，他的子孙以此为荣，就以他的名为姓，称为敖氏；古有地名为敖，当地的部分居民以敖地名为姓。二是出自芈姓。春秋时期的楚国国君，凡是被废弑而没有得到谥号的，都被称为敖，这类国君的后代，也被称为敖氏。三是古代若敖、堵敖氏的后代中也有取他们的名为姓氏的。敖氏的望族居住在谯郡，就是今天的安徽省亳县。

【历代名人】

著名南宋诗人敖陶孙，明朝大臣、数学家敖山，明朝诗人敖英，明朝官吏敖翔，明朝大臣敖鲲、敖铣、敖文贞，清朝将领敖成，清朝文士敖右贤……

融

【姓氏溯源】

融姓起源于上古，是颛顼帝高阳氏的后代。颛顼的后代有祝融氏，帝喾为部落首领时，祝融为五行神之一的火正，后世尊为火神。祝融部族原居于中原，后迁江南，与少数民族杂居，其中有芈姓，后来建立楚国，祝融氏后人分为祝姓和融姓两支，故史称"祝、融二姓同宗。"

【历代名人】

历史上并没有留下有关融姓著名人物的记录，但融这个姓据说的确是有的，而且祖先是大名鼎鼎的火神祝融。大概祝、融二姓同宗，后代大部分都选择了祝姓吧。

冷訾辛阚

冷

【姓氏溯源】

在黄帝时代，"伶"是掌管宫廷音乐舞蹈的官员，因为当时"伶"的古音与"冷"相同。所以以官为姓的伶氏又为冷氏。又一说，冷出自姬姓，周武王之弟康叔的后人，有被封地于冷水，后人即以封地冷为姓。

【历代名人】

东汉时期尚书侍郎冷宏，西汉山东淄川太守冷丰，西汉下相侯冷耳，东晋十六国时期前赵政权南徐州刺史冷道，明朝洪武年间御史冷曦，清代画家冷枚……

訾（zī）

【姓氏溯源】

以地名为姓。春秋时期周国有地名为訾，居住在此地的人家就将地名作为姓氏，形成訾姓的一支；为他姓所改。古代有訾陬氏部族，訾陬氏后人有的省去陬字，成为訾姓；出自祭氏所改。南北朝的时候，居住在齐地的祭姓人认为祭姓不吉利，便将祭姓改为訾姓。

【历代名人】

春秋时期晋国大夫訾祏，西汉时期因抓捕到谋反的尉氏人犯而被封为楼虚侯的訾顺，金朝创立玄真道院的訾亘，元朝以孝闻名的訾汝道……

辛

【姓氏溯源】

一是源于姬姓，出自黄帝之后裔高辛氏部族，属于以部族名称为氏。据《路史》所载，相传黄帝之后有高辛氏，其后有去高字改为辛姓；二是出自莘姓。由莘氏所改。据《元和姓纂》《广韵》等所载，夏王启封庶子于莘，建立莘国，其后世子孙以地为氏，称莘姓。后由于莘与辛音近，遂去"艹"头为辛氏，便产生辛姓。

【历代名人】

西周开国大史辛甲，秦国将军辛胜，秦汉诗人辛延年，汉朝大臣辛武贤，三国时魏国谋士辛毗，唐朝诗人辛渐，唐代将领辛云京，南宋将领、词人辛弃疾……

阚(kàn)

【姓氏溯源】

出自姜姓，以封地名为氏。春秋时期，齐国大夫姜止，被封于阚，世称"阚止"，齐简公时任丞相，后代以封邑为姓，形成阚氏；源于地名，出自春秋时期鲁国阚邑，属于以居邑名称为氏，邑于柴汶河畔，称阚邑。在史籍《姓氏考略》中记载，阚是鲁国的一个地名，即第一个渊源中提到的古阚国之地。

【历代名人】

三国时吴国学者、以儒学勤劳封为都乡侯的阚泽，后魏尚书、撰《十三州志》行于世的阚駰，唐朝猛将阚棱……

那 简 饶 空

那(nā)

【姓氏溯源】

那姓源于春秋时期,以地名为姓。春秋时,楚武王灭掉权国,改置为县。公元前676年,权县尹斗缗率领权人举行暴动,被楚武王镇压下去。楚武王把权人迁往那处,有些人后来就以地名"那"为姓。

【历代名人】

明朝时云南土官那鉴,清朝乾隆年间进士、官至直隶总督的那彦成……

简

【姓氏溯源】

源于姬姓。简姓得姓始祖狐鞫居,号续简伯,续简伯死后,其子孙因其谥号为姓,是为简姓;源于嬴姓,出自春秋时期秦国大夫蹇叔,在蹇叔的后裔子孙中,有人后来以先祖名字中的"蹇"为姓氏,再后改以同音字"简"为姓氏,称简氏;源于殷商末,仲雍之子,名叫季简、居简。在后裔子孙中,有以先祖的名字为姓氏者,称简氏。

【历代名人】

汉末三国时刘备帐下谋士简雍;五代十国南汉乾亨四年状元,累官至尚书右丞的简文会;宋代御史简正理;宋代进士简世杰;明代进士,历官南京刑部主事、兵部郎中的简芳……

饶(ráo)

【姓氏溯源】

饶氏家族的最初发祥地是在古代的饶阳。饶阳是战国时期赵国的一个邑。根据《史记·赵世家》记载,赵悼襄王六年,将饶邑这个地方赐封给其弟长安君,其后代子孙以祖上封邑为姓。到了汉高祖统一天下,实行郡县制度,就把饶邑改置为饶阳郡,饶氏发祥于河北饶阳。

【历代名人】

五代时期吴越钱镠麾下大将,累有防御之功的饶景;宋代陆九渊弟子,以经学著称的饶延年;元代书法家,著录《石渠宝笈三编》的饶介;明代刑部侍郎,著有《学海君道部》的饶伸;清代官至贵州安义镇总兵的饶廷选……

空(kōng)

【姓氏溯源】

出自商朝始祖后裔的封地,属于以封邑名称为氏。空同,也称空桐、崆峒,是河南汝州西部崆峒山的简称。相传,远古时期,轩辕黄帝在新郑称帝,曾带人两次到崆峒山向广成子求教治国和养生的道理。到了商王朝的时候,商祖的后代中有分封在空桐之地者,史称古空桐国。在空桐国的后裔子孙以及国民中,多以国名为姓氏者,称空同氏,或空桐氏、崆峒氏。后来都省文简化为单姓空氏。

【历代名人】

春秋末叶晋国大夫、赵氏家族首领赵襄子的夫人空同氏,唐后期安禄山手下的高手空空儿……

曾毋沙乜

曾（zēng）

【姓氏溯源】

夏朝建都于阳城，夏王少康封其次子曲烈为鄫子爵，在鄫建立鄫国。曲烈便从此姓鄫。鄫国到春秋时被莒国所灭。其后代用原国名"鄫"为氏，除去邑旁"阝"，表示离开故城，不忘先祖，称为"曾"。

【历代名人】

春秋时期鲁国人，孔门弟子七十二贤之一的曾点；春秋末期鲁国

百家姓

人,以孝著称,被后世儒家称为"宗圣"的曾参;汉镇南将军曾万;北宋散文家曾致尧;北宋著名政治家、军事家曾公亮……

毋(wú)

【姓氏溯源】

源于地名,出自汉朝时期齐国无盐邑,属于以居邑名称为氏。传说,古代毋车氏,出自乐安毋车伯奇,他为汉朝时期楚国下邳相,时有主簿步邵南,时人称毋车府君步主簿。其后裔因此称毋车氏,后有省文简化为单姓毋氏、巫氏者,世代相传至今。

【历代名人】

西汉大臣毋将隆;晋朝大臣、学者毋雅;晋代巴郡江州人,历官涪陵、汉平令、夜郎太守的毋稚;唐朝才子,撰有《古今书录》四十八卷的毋煚;后蜀才子,精通四书五经,著有《尔雅音略》的毋昭裔;明初蓬州人,洪武年间举人毋思义……

沙(shā)

【姓氏溯源】

　　一说出自神农氏，为炎帝之后。炎帝为部落首领时，其下有臣夙沙氏，后省改为沙姓；一说出自子姓，是汤王的后裔，以地名为氏。商朝末年，殷纣王庶兄开被封于微，世称微子。武王克商后，封微子于商丘，建立宋国。微子的后裔有人被封于沙这个地方，他们以地名为姓，成为沙姓。还有是源于国名，出自西周至春秋末期的古沙侯国，属于以国名为氏。沙侯国是西周时期的一个诸侯国，故址在今河北省邯郸市涉县一带，西汉时期改为沙县，居住在那里的人便有以沙为氏。

【历代名人】

　　明代涉县知县沙玉，北宋东莞太守沙世坚，明代新城知县沙良佐，清朝医学家、著有《医原纪略》和《疡科补直》的沙书玉，清朝大书法家沙神芝……

乜(niè)

【姓氏溯源】

　　乜姓始于西周时期，周武王得天下后传位到周康王时，封吕衡为卫国卿大夫，还将聂北（也作乜北），作为封地赐予吕衡，位置与邢、卫、齐三国交界，可享有封地内的财政收入。他以封地名"聂北"中的"聂"为自己的氏，表示封地在聂北，并修建了城池。后有百姓以"聂"为姓，为以区别血统不同，他的后代则改以"乜"为姓。

【历代名人】

　　乜姓名人在古代流传下来的很少，记诸史册的只有明代名士乜仁义，但其事迹不详……

养 鞠 须 丰

养（yǎng）

【姓氏溯源】

周朝曾有养国，后为楚所灭，但当时的养国国民仍有部分以养为姓。春秋时期，楚国大夫名由基，被封在养，叫作养由基，他的后代就以封邑为姓氏，称为养氏。而养由基是著名的神箭手，成语"百步穿杨"就是形容他的。邓大夫养甥之后以养为姓，后人随之为养氏。

【历代名人】

春秋时楚国名将、神射手养由基；东汉郁林人，博通古籍，为一时名儒，以布衣举方正的养奋……

鞠（jū）

【姓氏溯源】

鞠昇是春秋战国时期燕易王的长子，原名叫姬昇，因与其弟姬哙争夺王位失败，逃避到"辽东东梁河阳，复以远祖鞠为姓"时避难改姓，由于姬昇弃姬改鞠以鞠为姓，所以西周先祖鞠陶只是鞠姓的命姓祖，鞠昇才是开创鞠姓的第一人，是天下鞠姓的太始祖。

【历代名人】

周人的首领鞠陶，战国时期孔子弟子鞠语，五代时南汉乾祐进士鞠常，宋代殿中侍御史鞠咏，清代雍熙进士鞠仲谋……

须

【姓氏溯源】

须姓源于风姓，出自周朝初期太昊伏羲氏裔孙的封地，属于以国名为氏。据史籍《名贤氏族言行类稿》记载："须，出太昊伏曦氏风姓后裔，有须句国。"西周初期，周武王将太昊伏羲氏的裔孙封于须句，建有须句国，亦称须朐国，子爵，史称其国君为"须句子"。亦说源于姬姓，出自春秋时期卫国的须邑，属于以居邑名称为氏。春秋时期，卫国境内有个邑地，名叫须，故址在今河南省的滑县、长垣、濮阳三县交界处。另外，居于须邑的古代住民中，亦有以居邑名称为姓氏者，称须氏。

【历代名人】

战国时魏国中大夫须贾，汉朝大臣须无，明朝万历年间进士、青州知府须用纶……

丰

【姓氏溯源】

丰姓源出于姬姓。春秋时期，郑穆公有个儿子叫公子丰，在郑僖公时任大夫，丰的孙子施，以他们的祖父的名为姓氏，称为丰氏。周初，周文王的第十七子封于酆国，后人以国名为姓，称为酆氏。后人中有取酆字的左边为姓，即丰字为姓，得丰氏。

【历代名人】

唐代高僧丰干，宋代文学家、历官真州六合县主簿、襄州毁城县令的丰稷，宋代太平州官员丰存芳，明朝河南布政使丰庆，明代书法家、吏部主事丰坊……

巢 关 蒯 相

巢

【姓氏溯源】

源于有巢氏，出自上古时期有巢氏部落，属于以国名、氏族名称为氏。上古时期，昊英教人构木为巢，后又发明了穴居。于是大家推戴他为部族首领，号称"巢氏"，他的后代就是著名的有巢氏部落族人。

【历代名人】

隋朝时任国子助教，撰有《尚书义》《尚书音译》的著名学者巢猗；隋唐年间任太医博士，著有《诸病源候论》的巢元方；宋代进士巢谷；明崇祯九年举人巢鸣盛……

关

【姓氏溯源】

源于姬姓，出自远古帝舜时期养龙高手董父，属于以先祖名号为氏。董父因养龙被封为关龙氏。因此董父后裔子孙就以先祖封号为姓氏。另有以官名为姓者。春秋时期，周大夫尹喜在函谷关任关令，世人称其为"关尹喜、关尹令"。在尹喜的后裔子孙以及族人中，多有以先祖的官职称谓为姓氏者，称关尹氏、关阳氏，后简化分衍为单姓关氏、尹氏，世代相传至今。关姓主要分布于河南、甘肃、山东、江苏等省，尤以河南省为多。

【历代名人】

春秋时期郑国大夫关其思，三国时期蜀国大将关羽，南朝宋名儒

巢关蒯相

关康之，五代时著名的山水画家关仝，宋代丰县知县关景仁，元代杂剧奠基人关汉卿，晚清爱国名将关天培……

蒯（kuǎi）

【姓氏溯源】

　　源于子姓，出自商王朝时期的蒯国，属于以国名为氏。商王朝时期有个古蒯国，故址在今河南省洛阳市一带。蒯国的立国，约在商太宗太甲在位时期，历经四个世纪之久，在殷商末期周文王姬昌东征过程中被灭掉。亡国之后，蒯国王族子孙以及部分国民便以故国名为姓氏，称蒯氏，世代相传至今。

【历代名人】

　　汉代官吏蒯撤，汉代以口才好和计谋高闻名天下的蒯通，唐代诗人蒯希逸，宋代进士蒯憩，明代建筑师、工部侍郎蒯祥，清朝学者、教育家、政治思想家蒯光典……

相(xiāng)

【姓氏溯源】

一是源于姒姓，出自远古时期盘古的后裔，属于以先祖帝号为氏。冉相氏，是远古神话传说中的人物，他接替几遽氏成为华夏族的帝王，将国家管理得非常好。冉相氏逝世后，诞生了最早的相氏、冉氏，是以先祖帝号为姓氏，世代相传至今。二是源于姒姓，夏朝有一个帝王叫相，他的后裔支庶子孙，有的就以祖上的名字作为姓氏。三是出自子姓，商王朝王族河亶甲居住在相地，后来又迁都他处，而仍然留居在相地的人，便以相作为姓氏。

【历代名人】

晋代著名辞赋作家相荣，北齐名士相愿，明朝文士、刑部郎中的相士芳，明代诗画家相礼，明朝洪武进士相振……

查 后 荆 红

查（zhā）

【姓氏溯源】

源于姜氏，出自春秋时期炎帝后裔齐国公之子的封地，属于以封邑名称为氏。春秋时期，齐国君主齐顷公赐封自己的一个儿子到楂邑，其后裔子孙就以先祖的封邑作为姓氏，后来又将"木"字旁省去，遂成为查氏。

【历代名人】

南唐休宁人，曾侍南唐后主李煜，官至枢密副使的查文徽；清代书法家、康熙年间进士，曾在朝廷任职，著有《淡远堂集》的查升；清代著名书画家查士标；清代诗人查慎行……

后

【姓氏溯源】

后姓是指上古时期东邑部族首领太昊的孙子後照的后代；另外传说炎帝后代共工氏有子名叫句龙，在黄帝时担任后土，其后代就以官名的一字为姓，称为后氏；另外西周时期鲁孝公的儿子公子巩的封邑在郈，他的后代以邑名为氏，称为郈姓，后来省去右边的"阝"旁为后氏，称后姓。

【历代名人】

中国古代周族的始祖后稷，夏王朝东夷族有穷氏的首领、以射箭闻名的后羿，春秋时孔子七十二弟子之一的后处，元代西北土司后朵儿只班，明朝著名使者后显，明朝文士后敏，清朝画家后礼、后祺……

荆(jīng)

【姓氏溯源】

源于芈姓，出自为居于秦国的楚氏避秦庄襄王嬴楚之讳所改，属于以国名为氏，或避讳改姓为氏。芈姓之后原有以国名为姓的楚氏，其中有一支楚氏族人居于秦国，在斯地生息繁衍。后在先秦时期因避秦庄襄王嬴子楚的名讳，改以原国名"荆"为姓氏，称荆氏，世代相传至今。源于芈姓，出自西周楚国先君熊绎的封地。西周初年，楚国先君熊绎被封在荆山一带（今湖北荆州），国号为荆，其后人有以原国号为姓氏者，称荆氏。

【历代名人】

战国时期著名刺客荆轲；五代时期后梁画家，著有《笔法记》，对中国山水画的发展有重要影响的荆浩；北宋初将领荆罕儒；宋代名将，历官天武军校、拜都指挥使的荆嗣；明代任山东提举道，转交趾金事荆政芳……

红(hóng)

【姓氏溯源】

出自刘姓，以地名为氏。西汉楚元王刘交之子叫刘富，就受封于红地，他原来就已封为侯爵，所以人们称他为红侯，或称红侯富。他的子孙理应世袭封地和爵位的，可是传到他曾孙时，因为曾孙没有生儿子，朝廷便收回了封地和封爵。红侯富的支系儿孙还很多。这些后代，有的就取封地为姓，世代姓红。

【历代名人】

著名唐朝侠女红线，明英宗正统年间郧西县丞红尚朱，明末农民起义军首领红军友、红娘子……

游竺权逯

游

【姓氏溯源】

源于姬姓，出自春秋时期郑国国君郑穆公之子公子偃，属于以先祖名字为氏。春秋时期，周厉王的儿子姬友，被其兄周宣王封于郑邑，之后建立了著名的郑国。郑国君主传至郑穆公，他有个儿子叫姬偃，字子游，史称公子偃。到了公子偃的孙子游皈，便以祖父之字"游"命氏，称游氏。

【历代名人】

春秋时郑国正卿游吉，南北朝时北魏新泰侯游明根，五代时期的南唐朝丞相游简言，北宋学者、哲学家游酢，明代著有《皇明正音》的学者游芳，明代廉州知府、《骈语雕龙》的作者游日章……

竺(zhú)

【姓氏溯源】

出自竹姓，以国名为氏，后改为竺姓。夏、商、周三代有一个著名的孤竹国，到了春秋时，其国君之子伯夷、叔齐之后以国名为姓，称竹氏。至汉代，有枞阳人竹晏，因避仇人而改为竺姓，其后沿用不改。

【历代名人】

晋代僧人竺法深，晋代雅能清淡、尤善小品的女僧竺道馨，南北朝时期僧人竺道生，宋朝著有《礼记订议》的学者竺大年，明朝文士竺渊……

权

【姓氏溯源】

权姓源出有二。一是出于子姓。据《唐书·宰相世系表》记载，商高宗武丁有儿子被封在权国，在今湖北省当阳东南。春秋时期楚国武王破权国，权国迁至那处，今湖北省荆门，不久又为巴国所灭。后来权国人及国君的后人就以国名为姓氏，称为权氏。二是出自芈姓。以邑名为氏。楚武王灭权国后，改权国为县，令大臣若敖之孙斗缗为权县尹。后来斗缗率领权国遗民谋反，失败后被杀。斗缗的后人以邑名权为姓，亦称权氏。

【历代名人】

汉代辅佐都尉权忠，北朝齐臣权会，北周将领权景宣，隋朝将领权武，著名唐朝大臣权皋、权万纪、权怀恩、权龙褒，唐代文学家权德舆，宋代副宰相权邦彦，著名明朝大臣权谨……

逯(lù)

【姓氏溯源】

源于嬴姓，出自春秋战国时期秦国邑名，属于以居邑名称为氏。据史籍《风俗通》记载，"逯"是距今两千多年前的春秋战国时期秦国的一个古邑名，时称逯，后来有一秦国的大夫被封于该邑，其后裔子孙中有以先祖封邑名称为姓氏者，称逯氏，世代相传至今。

【历代名人】

汉武帝光禄大夫逯明，汉代被封为蒙乡侯的逯普，元朝监察御史逯鲁曾，明代孝子逯相，明代镇抚逯德山，明朝文士逯中立，明代武时教谕逯宏……

盖 益 桓 公

盖(gě)

【姓氏溯源】

源于姜姓,以邑名为氏。春秋时期,齐国有公族大夫王欢受封于盖邑(即今山东省沂水县西北),他的后代子孙以封邑名为氏,称为盖姓。还有出自少数民族中的盖姓。据《魏书》记载,卢水胡人中有盖姓。

【历代名人】

战国时期剑术家盖聂,汉代极为刚正的文官盖宽饶,东汉虎牙将军盖延,东汉末期名将盖勋,唐朝学者盖文达,唐朝太傅盖寓……

益

【姓氏溯源】

益姓源出有三。一是出自州名,以地名为氏。汉朝的时候,四川省广汉属于益州管辖,在这个地方居住的人,后来有的以州名为姓,成为益姓的一支;二是出自县名,以地名为氏;三是来源于嬴姓,以祖上名字为氏。上古颛顼高阳氏的后裔中有叫伯益的,被推举为嬴姓各族的首领,并且赐姓为嬴,也形成了益姓的一支。

【历代名人】

南宋绍兴年间进士益畅,元朝名将、怀远大将军益智……

桓（huán）

【姓氏溯源】

根据《姓氏考略》记载，上古时期，轩辕黄帝有一位大臣名叫桓常，他的后人就以其名字为姓氏，称为桓氏。由此可见，桓氏是一个比较古老的姓氏。桓氏后人奉桓常为桓姓的得姓始祖。

【历代名人】

战国时期秦国将领桓齮，西汉时期官至庐江太守丞、著有《盐铁论》六十篇的桓宽，西汉大臣鲍宣的妻子桓少君，两汉时期哲学家、经学家、琴师、天文学家桓谭，东汉时期曾经跟随费长房修道的桓景，东汉初年经学大家桓荣，曹魏开国功臣桓阶，三国时期曹魏大臣、文学家、画家桓范……

公

【姓氏溯源】

公姓源流单纯，上古周朝时期，鲁国君主鲁定公，将他哥哥的两个儿子（一个叫衍，一个叫为）都封为公爵，时人称之为公衍、公为。公衍、公为的后代就以祖上爵号为姓，世代相传姓公。

【历代名人】

春秋时期赵国著名上大夫、政治家公仲连，春秋时期孔子著名七十二贤之一公皙哀，元朝将领公海，明代中期朝廷重臣公勉仁，明嘉靖十四年进士、初授工部郎中公跻奎，明嘉靖三十八年进士、著有《闲音集》的公一扬，明隆庆五年进士、初选翰林院庶吉士的公家臣，明末万历年间著名的文学家、诗人公鼐，明朝山左诗坛的代表人物公浮来……

万俟 司马

万俟（mò qí）

【姓氏溯源】

万俟，本来是鲜卑族的部落名称。东晋时期，万俟部落随拓跋氏进入中原，后来就以部落名称作为姓氏。后北魏君位传至六王后，由魏献文帝拓跋弘继位，他的三弟的公族中产生了万俟姓。

【历代名人】

北魏末年西北少数民族起义首领万俟丑奴，北齐著名大臣万俟普，著名北齐大将军万俟洛，北宋著名官吏万俟湜，南宋初年奸臣万俟卨……

| 百家姓

司马

【姓氏溯源】

源于官职,出自西周掌管军事大权的大臣程伯休父,属于以官职称谓为氏。上古时有重黎,为司掌天地之官,周宣王时期,有重黎之后程伯休父,官至司马,执掌国家军队,佐政辅国,权势重大。后来程伯休父克平了许方,立下大功,周宣王允许他以官职为姓,其后遂成司马氏。

【历代名人】

西汉著名史学家司马迁,西汉辞赋家司马相如,著名汉朝史学家司马谈,西晋高祖宣皇帝司马懿,晋朝开国皇帝司马炎,西晋太祖文皇帝司马昭,北宋著名政治家、史学家司马光……

上官　欧阳

上官

【姓氏溯源】

春秋时期，楚庄王封他的小儿子兰为上官邑大夫，兰的后代子孙遂以邑名为姓，称上官氏。亦出自芈姓。战国时，楚国公族子弟靳尚任上官大夫，他的后代子孙以职官命姓，称上官氏。

【历代名人】

汉朝武帝时任太仆的上官桀，唐代女官、诗人、皇妃上官婉儿，唐代著名诗人、政治家上官仪，唐僖宗乾符末镇将上官洎，宋代中大夫上官恢，宋政和二年进士上官音……

欧阳

【姓氏溯源】

欧阳复姓出自姒姓。欧阳姓为禹王的后代。禹之子启建立了夏朝，传至少康，封支庶子于会稽，建立越国，战国时期越王无疆亡国于楚。无疆受封于乌程欧阳山之南。古代时以山南为阳，故称欧阳侯亭，其后代子孙遂为欧阳氏。

【历代名人】

西汉大臣欧阳生，东汉光武帝宰相欧阳歙，唐朝著名书法家、官员欧阳询，唐代大臣、书法家（欧阳询之子）欧阳通，北宋政治家、文学家欧阳修，近代戏剧家欧阳予倩……

夏侯 诸葛

夏侯

【姓氏溯源】

夏侯姓源流单纯，出自姒姓，以爵号为氏。公元前445年楚国灭杞，杞简公的弟弟佗逃往鲁国，鲁悼公因为他是夏禹的后代，周初祖先又封为侯爵，于是称他为夏侯氏，其后代子孙因以夏侯为氏，称夏侯氏。

【历代名人】

西汉汝阴侯夏侯婴；三国魏国大将夏侯惇、夏侯渊、夏侯霸；晋代散骑常侍夏侯湛；隋代学者，开皇时曾绘《三礼图》的夏侯朗；宋代词赋家，著有《洞庭赋》的夏侯嘉正……

夏侯 诸葛

诸葛

【姓氏溯源】

春秋时期，在齐国古老的有熊氏的后裔子孙中，有人原称詹葛氏，后来因读音讹误为诸葛氏，便干脆改称诸葛氏，世代相传至今。另有源自汉代说。夏朝时，有个葛国，葛国的后人形成了葛姓。汉朝时，有个叫葛丰的人被封在诸地，人们都叫他诸葛丰，诸葛丰的后人便世代姓诸葛。

【历代名人】

三国时期蜀国丞相诸葛亮，三国时期东吴谋士诸葛瑾，三国时期吴国阳都侯诸葛恪，晋代尚书右仆射诸葛恢，南朝宋国国子生诸葛勔，唐代检校司空诸葛爽，宋代制笔名家诸葛高……

闻人 东方

闻人

【姓氏溯源】

出自春秋时期鲁国少正氏，属于以世称名号为氏。传说春秋晚期，鲁国的少正卯开班讲学，主张变法革新。后来听少正卯讲学的人越来越多。因少正卯是当时声誉宏然、远近闻名的人，被世人誉为"闻人"，所以在他的后代支庶子孙中有以先祖"闻人"之号为姓氏，后简称为单姓闻氏。

【历代名人】

南朝宋、齐时将领闻人敻；北宋大观年间进士，著有《中兴要览》《周官通解》《经史旁闻》的闻人宏；南宋藏书家闻人滋；南宋针灸学家闻人耆年；明代史学家闻人诠；清代才女闻人徽音……

东方

【姓氏溯源】

远古时伏羲创制了八卦，八卦方位以东方为尊，伏羲又叫神农氏，他的族人务农，每天太阳从东方升起时是开始农作的重要时刻，于是伏羲的后代人中有的形成了东方姓，称东方氏。

【历代名人】

西汉大臣、文学家、辞赋家东方朔，唐朝史官、诗人东方虬，唐代"开元十八学士"之一东方显……

赫连 皇甫

赫连

【姓氏溯源】

源于北匈奴吐谷浑部，属于汉化改姓。两晋时期，鲜卑吐谷浑部攻破并灭了大夏国，俘虏赫连氏王族。后来，吐谷浑部自己部族中也有人以赫连为姓氏，成为鲜卑赫连氏一族。后逐渐融入汉族，世代沿传至今。

【历代名人】

十六国时期胡夏国的创建者赫连勃勃，南北朝时北魏、西魏、北周将领、赫连勃勃的后裔赫连达，唐代才子赫连韬……

皇甫（huáng fǔ）

【姓氏溯源】

西周后期，宋国国君宋戴公子撝有个儿子叫公子充石，字皇父，在宋武公子司空执政时期出任司徒。公子充石的孙子南雍陲便以祖父之字为姓氏，称为皇父氏。传到其六世孙皇父孟子，生子皇父遇。在齐国灭宋国之时，皇父遇逃至鲁国。西汉中期，皇父遇的嫡系子孙皇父鸾，自鲁地迁居陕西茂盛陵，把姓氏中的"父"字改为"甫"字，称皇甫氏，相传至今。

【历代名人】

东汉著名将领、军事家皇甫规；东汉太尉皇甫嵩；魏晋两朝之间的医学家，皇甫嵩曾孙，著有《帝王世纪》《玄晏春秋》的皇甫谧；唐代文学家皇甫湜；明代诗人皇甫涍……

尉迟 公羊

尉(yù)迟

【姓氏溯源】

以部落名命姓。前秦时期苻坚攻灭鲜卑拓跋部族，建立代国。后来拓跋邽复国，改国号为魏，史称北魏。与此同时，鲜卑族中又崛起一支尉迟部落，号尉迟部，如同中华之诸侯国。后来尉迟部随孝文帝进入中原，被命以族名尉迟为姓，称尉迟氏。

【历代名人】

北周将领、北周文帝宇文泰的外甥尉迟迥，著名北周将领尉迟运，唐朝名将、鄂国公尉迟恭，于阗国国王尉迟胜，唐代画家尉迟乙僧，唐朝诗人尉迟汾，五代南唐史学家尉迟偓……

公羊

【姓氏溯源】

源于姬姓，出自先秦时期鲁国的公孙羊孺之后，属于以先祖名字为氏。公孙羊孺是一位名望很高、才学出众的人物，其后裔子孙有取先祖姓名中的"公、羊"二字为姓氏者，称公羊氏、公孙氏、羊孺氏等。

【历代名人】

战国时期著名学者，讲学《春秋公羊传》的公羊高；公羊高的玄孙，与胡母生一起将《春秋公羊传》"著于竹帛"的公羊寿……

澹(tán)台

【姓氏溯源】

源出自春秋时鲁国孔子弟子灭明的后代,以地名为氏。春秋时期鲁国孔子的一个弟子,字子羽,名灭明,南游长江流域,居于澹台湖;另一说是居于澹台山,遂以湖(山)名命姓名,因取名澹台灭明。其后代子孙遂以澹台命姓,称澹台氏。

【历代名人】

春秋末年鲁国武城人,孔子七十二弟子之一澹台灭明;东汉名士、为薛汉最知名的弟子之一的澹台敬伯;清代同治戊辰科武进士澹台向斗……

公冶(yě)

【姓氏溯源】

公冶复姓出自姬姓,为季氏的后代。鲁国季姓是鲁桓公的儿子季友的后代。季姓公族中的季冶,字公冶,当了鲁国的大夫,他的后代子孙便以祖上的字命姓,称公冶氏。还有部分公冶氏的人是继承孔子的弟子公冶长的姓氏的。

【历代名人】

春秋末期齐国人,春秋末期孔子七十二贤弟子之一,能听懂鸟语的公冶长……

宗政 濮阳

宗政

【姓氏溯源】

宗政姓源流单纯，源于祁姓，出自汉高祖刘邦的后代河间献王刘德，属于以官职称谓为氏。刘德官至宗正，刘德的支庶子孙有的以祖上官职名命姓，称宗正氏，后来加"文"而为宗政氏。

【历代名人】

著名南北朝时期北魏将领宗政珍孙，唐朝殿中少监（从四品）宗政辨……

濮(pú)阳

【姓氏溯源】

源于地名，出自上古时期濮水流域住民，属于以居邑名称为氏。濮，原为河南、山东地区一条河流的名称，古称濮水。在上古时代，山峦之南坡、河流之北岸被人们称为"阳"，在濮水北岸居住的人们就按习惯称所居之地为"濮阳"，是一片广大的地区。后来其地住民就以地名为姓氏，称濮阳氏。

【历代名人】

著名汉朝官吏濮阳潜；明朝武将、武德将军濮阳成；明朝文士、南昌府通判濮阳来；明朝官吏、经学家濮阳耒；明朝大臣、著有《晚山阁诗集》《元水阁集》的濮阳渐；著名清朝诗人濮阳慎……

淳于 单于

淳于

【姓氏溯源】

出自姜姓，是炎帝的后代，以国名为氏。周武王灭商后，把原夏朝斟灌国姜姓淳于公封在州邑，建立州国，因位居公爵，世称州公。春秋时期有州公实，亡国于杞，州国公族定居于淳于城，后来复国，名淳于国，成为春秋时期的小国之一。亡国后，其族人以原国名命姓，称淳于氏。

【历代名人】

战国时齐国文士淳于髡，战国时齐国博士淳于越，汉代名医淳于意，汉代名医、淳于意之女淳于缇萦，南朝陈车骑将军淳于量，后魏时梁州刺史淳于诞……

单(chán)于

【姓氏溯源】

单于氏复姓出自秦汉时期匈奴部落王族贵胄世家，原本为挛鞮氏。在历史上，匈奴民族部落联盟的最高首领称为"撑犁孤涂单于"，含义"天子广大"，意即其首领应拥有天子广大辽阔的势力，汉译简称才叫作"单于"。

【历代名人】

著名秦末汉初时期匈奴族首领冒顿单于，匈奴族首领头曼单于、老上单于、军臣单于、伊稚斜单于、乌维单于、詹师庐单于、句黎湖单于、且鞮侯单于、且鞮侯单于壶衍鞮单于……

太叔 申屠

太(tài)叔

【姓氏溯源】

一是出自姬姓。春秋时期,卫国国君卫文公的第三子名仪,而卫文公是周朝的王族后代。按古时的排序规则,三子应为"叔"字。因此,仪又称作叔仪。为表示对周室皇族的尊重,他人称呼叔仪时都加个"太"字,即为太叔仪。太叔仪的子孙,以此身份为荣耀,改姓太叔。后来,凡王公贵族中排行三的子弟,都称为太叔,他们的子孙也演变为越来越多的太叔氏。

【历代名人】

春秋时期卫国的王族后代太叔仪,春秋郑国人太叔段,著名西汉大臣太叔雄、太叔权……

申屠(tú)

【姓氏溯源】

渊源有三:一是源于姚姓,出自上古舜帝的后代,属于以音讹改姓为氏;二是源于姜姓,出自周平王给申侯幼子的封地,属于以封邑名称为氏;三是上古时期有申徒氏因音误传为申屠氏。

【历代名人】

汉代都尉,文帝时拜丞相,封固安侯的申屠嘉;后汉性情耿直、著有《忍斋行稿》《杜诗纂例》《集古印章》的申屠刚;东汉学者申屠蟠……

公孙 仲孙

公孙

【姓氏溯源】

春秋时，各国诸侯不论爵位大小，多喜欢称公。按照周朝制度，国君一般由嫡长子继位，即位前称为太子，其他的儿子便称为公子，公子的儿子则称公孙。他们的后代便有不少人便以公孙为姓。

【历代名人】

春秋时期郑国的政治家、思想家公孙侨，战国时期政治家、法家代表人物公孙鞅（商鞅），战国时期齐国人公孙戍，战国时期著名道家、哲学家公孙龙，西汉名臣公孙弘……

| 百家姓

仲(zhòng)孙

【姓氏溯源】

出自姜姓,春秋时期齐国大夫仲孙湫,属于以齿序排行为氏。仲孙湫,春秋时期齐国人,事齐桓公姜小白为大夫。在仲孙湫的后裔子孙中,多以先祖之齿序、名字为姓氏,称仲孙氏、湫氏。

【历代名人】

春秋时齐国人,事桓公为大夫的仲孙湫;春秋时鲁国人,为人勤俭,体察民情,主张俭用和发展生产的仲孙蔑;春秋时期著名鲁国重臣仲孙速、仲孙羯、仲孙僖子……

轩辕 令狐

轩辕（xuān yuán）

【姓氏溯源】

是黄帝嫡传后代，出自有熊氏，亦称为帝鸿氏。黄帝曾居于轩辕之丘，故而得姓轩辕，黄帝的后代子孙遂称轩辕氏，后周武王伐纣分封轩辕子孙于铸国，改为铸氏。一说黄帝作轩冕之服，教民做衣服，故谓轩辕。

【历代名人】

上古帝王轩辕，唐朝将领轩辕豹，唐朝道士轩辕集，唐朝诗人轩辕弥明，明朝大臣轩輗，晚清秀才、书法家轩万春……

令狐

【姓氏溯源】

出自姬姓，是周文王姬昌的后代。周文王之子毕公高有个孙子叫毕万，春秋时任晋国大夫。曾孙魏颗因活捉了秦国大将杜回，受封于令狐，其后代以封邑为姓，称令狐氏。

【历代名人】

三国时期曹魏国大臣令狐愚，三国时期魏国弘农太守令狐邵，北周大将军令狐整，隋朝汴州刺史令狐熙，唐高祖时秘书丞令狐德棻，唐朝贞元进士令狐楚，唐朝大臣令狐绹……

钟离 宇文

钟离

【姓氏溯源】

钟离姓的源流可以直接追溯到春秋时代宋微子所建的宋国，算起来是商汤的子姓后裔。由于其始祖曾食采于一个叫作钟离的地方，所以子孙才会以邑为氏，开始以"钟离"或"钟"为姓。

【历代名人】

战国有名的丑女钟离春；秦末项羽的将领之一钟离眛；汉代永平年间做了鲁国之相的钟离意；三国人物东吴将领钟离牧；唐朝成为八仙之一的汉钟离；宋代庐州合肥人，德化知县钟离瑾……

宇文

【姓氏溯源】

起源于辽东，为南单于之后。魏晋时，北方鲜卑族有一个宇文氏部落，自称是炎帝神农氏的后裔，从祖先葛乌菟起世袭为鲜卑东部大人。后来普回袭任大人，他在打猎时拾到一颗玉玺，上刻"皇帝玺"三字，自以为是天授神权，于是号称宇文氏。

【历代名人】

西魏王朝军事家、统帅宇文泰，北周文帝、宇文泰之侄宇文护，北周武帝宇文邕，隋代工部尚书宇文恺、大丞相宇文化及、大将军宇文贵、大将军宇文庆，唐代宰相宇文融，金代文学家宇文虚中……

长孙 慕容

长孙(zhǎng sūn)(古读音jūn sūn)

【姓氏溯源】

长孙姓的来源有两个说法：一说长孙姓出自北魏皇室拓跋珪的长子沙莫雄，拓跋珪建立北魏称帝后，沙莫雄就赐他的儿子嵩为长孙姓，故拓跋嵩为得姓始祖；二说在北魏之前早有长孙顺，大多尊长孙顺为得姓始祖。

【历代名人】

北周洛阳人，后征授大行台尚书，兼相府司马的长孙俭；隋朝洛阳人，长孙无忌之父，官至右骁将军的长孙晟；唐太宗李世民的皇后长孙皇后；撰有《唐律疏议》的长孙无忌……

慕容

【姓氏溯源】

据《通志·氏族略》记载，慕容氏出自中古时期，部族首领高辛氏的后裔，建立鲜卑国，自言慕二仪之道，继三光之容，因此以慕容为姓，称为慕容氏。历史上的鲜卑族在今内蒙古西拉木伦河与洮儿河之间。慕容氏的发源地和老家便在这里。

【历代名人】

东晋十六国时期前燕政治家、军事家慕容恪，十六国时期后燕将领慕容隆、慕容农，十六国时期前燕将领慕容翰，十六国时期后燕创建者慕容垂，宋初将领慕容延钊……

鲜于 闾丘

鲜(xiàn)于

【姓氏溯源】

出自子姓,以国名、邑名合并为氏。商朝箕子封于箕,官为太师,曾多次就纣王的荒淫残暴进谏。周武王灭商后,箕子出走辽东建立朝鲜国。他的子孙支子仲封地在于邑,就合国名与邑名,自称鲜于氏。

【历代名人】

东汉人,为刘虞从事,后率众归曹操,拜度辽将军,封都亭侯的鲜于辅;北齐忠义将领鲜于世荣;宋代著名科学家鲜于天……

闾丘(lú qiū)

【姓氏溯源】

闾丘,原来是春秋时邾国的一个地名。当时在周天子统治的封建制度之下,有人被封食采于此,所以,这一家族的后代子孙,就"以邑为氏",而姓了闾丘。另外,《世本》上指出,齐国的闾丘婴之后世子孙,也以"闾丘"为姓,称为闾丘氏。

【历代名人】

春秋时期齐国隐士闾丘先生,战国时期齐国大夫闾丘印,战国时期阴阳学家闾丘快,西晋诗人闾丘冲,唐朝文学家闾丘均,唐朝大臣闾丘晓、闾丘胤,北宋朝大臣闾丘孝终,两宋朝将领闾丘观,南宋隐士闾丘宾用……

司徒 司空

司徒

【姓氏溯源】

出自姬姓，是舜帝的后代。尧帝为炎黄部落首领时，舜为尧的司徒官，执掌和管理土地事务，故又名土司。舜的后代子孙有的以其职官命姓，称司徒氏。

【历代名人】

春秋时期陈国大夫司徒卯，汉朝安平侯相司徒肃，唐朝太常卿司徒映，五代时南汉人司徒诩，五代后汉礼部侍郎司徒羽，宋朝进士司徒公绰、司徒肃……

司空

【姓氏溯源】

源于姒姓，出自夏王朝君主大禹的后代，属于以官职称谓为氏。传说，远古帝王少昊设立司空一职，主管水利、土木、交通建设，为民生所不可或缺，后世一直沿用。尧为部落联盟首领时，大禹任司空，治水有功，建国有勋，其后裔子孙有以先祖官职称谓为姓氏者，称司空氏，世代相传至今。

【历代名人】

唐朝河中人，咸通年间进士，累官礼部郎中的司空图；唐朝诗人，官至虞部郎中的司空曙；唐僖宗时举进士不第，后入梁任太府少卿的司空颋；著名宋朝大臣司空宗韩、司空舜宾……

亓官 司寇

亓(qí)官

【姓氏溯源】

源于官位，出自春秋时期笄官之后代，属于以官职称谓为氏。笄官，是春秋战国时期的官职名称，专门掌管笄礼的官。古代的姓氏学者研究后认为，"丌"之字义与"笄"字相通，丌官氏复姓，就是出自笄官们的后裔子孙，以先祖官职称谓为姓氏，称笄官氏、亓官氏、丌官氏，后统称为丌官氏。

【历代名人】

春秋时期宋国人，孔子的妻子亓官氏；明朝著名大孝子亓才（即亓官才）；著名明朝官吏，两任剧县县令，后官至河间知府的亓之伟……

司寇(kòu)

【姓氏溯源】

一是源于己姓，属于以官职称谓为氏。据史籍《通志·氏族略》记载，司寇氏发祥于春秋时期的卫国。周武王封苏忿生为司寇官，其后子孙"以官命氏"而姓了司寇，称司寇氏。二是源于夏、商掌管治安刑狱的官职，属于以官职称谓为氏。

【历代名人】

春秋时期鲁国有名的大夫司寇惠子，战国时期周王室大夫司寇布，东汉王朝开国将领、"云台二十八将"之一司寇恂……

仉督 子车

仉（zhǎng）督

【姓氏溯源】

"仉"，就是"掌"的古体字，"仉督"也就是"掌督"，其官本名叫"党正"，是西周时期设置的官位，主管指定区域内的行政事务，后称党督，演变为掌督、仉督，其职能一样。在仉督的后裔子孙中，有以先祖官职称谓为姓氏者，称仉督氏。但在秦、汉时期即已经省文简改分衍为单姓仉氏、督氏、党氏等，今已无仉督氏这一复姓族人的存在。

【历代名人】

传说孟子的母亲姓"仉督"或"仉"，其他无考。

子车（zǐ jū）

【姓氏溯源】

源于嬴姓，出自春秋初期秦国公族子车氏之后，属于以先祖名字为氏。子车姓出自东周秦国，当时秦穆公死，出现了子车奄息、子车仲行、子车钳虎陪葬，据考，三人应为秦国大夫，被后人称为"三良"，三良被殉葬后，秦国的百姓们都非常悲伤，从此，该支子车氏的后代皆省文简改为单姓车氏，所以，子车这一姓氏后来已相当少见了。

【历代名人】

得姓始祖嬴子车、北郭子车，春秋时秦国被称为"秦三良"的子车奄息、子车仲行、子车针虎……

颛孙 端木

颛(zhuān)孙

【姓氏溯源】

颛孙姓起源于春秋时的陈国。据《尚友录》载："陈公子颛孙仕晋，子孙氏焉"。颛孙氏是春秋时代的陈国公族，上古圣君虞舜妫姓的后裔，颛孙从陈国到晋国去做了官，其后世子孙"以王父字为氏"而姓了颛孙，称颛孙氏。

【历代名人】

春秋时陈国人，孔子的弟子之一，宋咸淳二年被封"宛丘侯"的颛孙师……

端木

【姓氏溯源】

端木此姓相当古老，自东周时期便有此姓，据《元和姓纂》记载，端木一姓的祖宗为孔子弟子端木赐（即子贡），系出于卫国。端木姓分布相当的广，但后来大多改姓为端姓、木姓、沐姓，故今日已不多见。

【历代名人】

孔子的弟子端木赐，战国时期端木赐的后代端木叔，著名明朝大臣端木孝文，著名清朝文士、诗人端木国瑚，清代文学家、有《赋源》等多种著作传进的端木埰……

巫马 公西

巫马

【姓氏溯源】

巫马,是周朝一种负责照顾马的官名,后人以其祖先的官名为姓氏,遂称巫马姓。但在周朝后,巫马一姓逐渐减少,是因为大部分都改为巫姓和马姓了。巫马氏望族居住在单父(即今山东省单县)、鲁郡(即今山东省曲阜地区一带)。

【历代名人】

孔子的得意门生,曾在鲁国官为丞相的巫马施……

公西

【姓氏溯源】

公西姓源流单纯,鲁国公族季孙氏的支系后代所改。公西一姓,据《姓氏寻源》记载,出自春秋时期鲁国公族,为季孙氏的支子后裔所改,以公西为氏,称公西姓。公西氏在春秋时代也是鲁国的一个公族,出自权高名重的季孙氏,算起来也是周文王的姬姓后裔。

【历代名人】

春秋末年鲁国人,以长于祭祀之礼、宾客之礼著称的公西赤;孔子弟子公西蒧;春秋末期鲁国人,也是孔子的弟子公西舆如……

漆雕　乐正

漆雕

【姓氏溯源】

漆雕是周代吴国公族中分化出来的一支部落，其部落人以部落名命姓，称漆雕氏。春秋时期鲁国出过不少漆雕氏，不少还是孔子的弟子，其中有一位名叫漆雕开，字子若。他学识渊博，虚怀若谷，其后代以漆雕为姓，并奉漆雕开为漆雕姓之始祖。后来漆雕复姓就简化成单姓漆氏了。

【历代名人】

春秋末年鲁国人、孔子弟子漆雕开，春秋末年鲁国人、孔子弟子漆雕哆，孔子弟子漆雕徒父……

乐正(yuè zhèng)

【姓氏溯源】

源于官位，出自两周王朝历代乐正之后，属于以官职称谓为氏。乐正，是商、周时期即有的官职称谓，负责司掌音乐声律和宫廷礼乐部门。在诸多乐正的后代子孙中，多有以祖先的官职称谓为姓氏者，称乐正氏，后有省文简改为单姓乐氏者，皆世代相传至今。

【历代名人】

春秋时鲁国人，曾子的弟子乐正子春；战国时期鲁国人，孟子的弟子，思孟学派的重要人物，著有《学记》的乐正克；宋代即墨人，传说后来登上崂山仙去的乐正子长……

壤驷 公良

壤驷（rǎng sì）

【姓氏溯源】

壤驷姓源流单一，源于嬴姓，出自春秋时期秦国贵族壤驷赤之后，属于以先祖名字为氏。古代春秋晚期，秦国的上邽有个人叫壤驷赤。壤驷赤从秦国不惜千里迢迢来到鲁国，向孔子学习礼制。他读书很用功，而且有才气，作诗、做文章都很出色。从壤驷赤之后，这个壤驷氏复姓就不再见于史书记载了。据史籍《姓氏考略》记载："孔子弟子壤驷赤之后，以壤驷赤之壤为单姓。"即皆省文简改为单姓壤氏了。

【历代名人】

春秋末期秦国上邽人，孔子弟子，为七十二贤人之一，通六艺，以诗礼化被西垂的壤驷赤……

公良

【姓氏溯源】

公良姓源流单纯，出自周朝公子良后代，以祖名为氏。据《通志·氏族略》载，上古周代，陈国公子名良，人称公子良，其后人就以他的爵位与名合称得"公良"为姓氏。春秋时，公子良的后代公良孺去鲁国向孔子求学，作为孔子的学生受人尊重，公良氏一族名声大振。

【历代名人】

春秋时代的陈国人，孔子的得意门生公良孺……

拓跋　夹谷

拓跋（tuò bá）

【姓氏溯源】

源于姬姓，出自黄帝后裔鲜卑族拓跋部拓跋氏，属于汉化改姓为氏。拓跋氏寻宗溯源，黄帝以土德之瑞称王。北土之人则谓"土"为"拓"，谓"后"为"跋"，故以"拓跋"为姓，称拓跋氏，意即黄帝土德后代，即后来北朝的鲜卑族拓跋氏部族。

【历代名人】

北魏道武帝拓跋珪，北魏明元帝拓跋嗣，北魏太武帝拓跋焘，北魏孝文帝拓跋宏，北魏大臣拓跋子推，北魏咸阳王拓跋禧，北魏任城王拓跋澄，北魏河南王拓跋干……

夹谷（jiá gǔ）

【姓氏溯源】

单一渊源：源于女真族，出自金国时期女真族加古部族，属于以部落名称汉化为氏。据史籍《姓氏考略》记载，夹谷复姓出于金国女真族古老的加古部，后汉化音译为"夹谷"。

【历代名人】

金代大定进士、补东平府教授夹谷衡，金代赞皇簿夹谷楫，金太祖帐前的猛将夹谷谢奴，金朝名将夹谷胡剌，金朝的著名忠臣夹谷守中，金朝宰相夹谷清臣……

宰父 谷梁

宰父（Zǎi fǔ）

【姓氏溯源】

源于官位，出自周王朝时期官吏宰父之后，属于以官职称谓为氏。在宰父氏族人中，有著名的宰父黑，字子黑，又名罕父黑，字子索，是春秋末期鲁国乘丘人，孔子门下七十二贤弟子之一。唐玄宗开元二十七年追封宰父黑为"乘丘伯"，宋真宗大中祥符二年加封其为"祁乡侯"，明嘉靖九年再称其为"先贤"。宰父氏族人皆尊奉宰父黑为得姓始祖。

【历代名人】

春秋末年鲁国东人，孔门弟子、圣门名贤宰父黑……

谷梁

【姓氏溯源】

源于农耕作业，出自粮食种植业，属于以物品名称为氏。古代有一些部落，农业相对比较发达，他们以能种出优质的谷子为骄傲，古代将谷子称为粱，所以善于种植粱的氏族首领就用谷粱命姓，他的后代子孙遂以谷粱为姓，后来"粱"字演变改成"梁"字，遂称为谷梁氏。

【历代名人】

战国时期鲁国人，子夏弟子，为《春秋谷梁传》作者谷梁赤；春秋时期鲁国人，传《春秋》十五卷，居鲁国时为一名流的谷梁淑……

晋楚闫法

晋

【姓氏溯源】

源于姬姓,出自周武王之子叔虞的封地,属于以国名为氏。据典籍《文韵》记载,晋国本是唐叔虞的后代,晋国灭亡之后,其王族后裔子孙中有以故国名称为姓氏者,称晋氏,世代相传至今。

【历代名人】

春秋时晋国国君晋文公,战国时期魏国将领晋鄙,晋朝大臣、古音韵学家晋灼,唐末五代时期将领晋晖,明朝大臣晋应槐,著名清朝学者晋德慧……

楚

【姓氏溯源】

源于姬姓,出自春秋时期鲁国上大夫姬林楚,属于以先祖名字为氏。据史籍《通志·氏族略》记载:周平王庶子姬林开之后裔,鲁国上大夫林楚之后,以祖名为氏,称楚氏。在姬林楚的后裔子孙中,有以先祖名字为姓氏者,称楚氏,世代相传至今。

【历代名人】

北宋官吏楚芝兰,宋代将领楚昭辅,宋代大臣楚建中,宋朝天文学家楚衍,元代将领楚弁,元代怀远大将军、楚弁之子楚鼎,明初将领楚智,明末官吏楚烟……

闫(yán)

【姓氏溯源】

皆出自姬姓，周武王姬发的儿子唐叔虞，建立了晋国，到晋成公的时候，晋成公封自己的儿子懿在阎邑，晋朝灭亡以后，他的子孙就有人用阎作为自己的姓氏，后多有讹写为闫氏者，因此也姓闫。

【历代名人】

东汉安帝皇后闫（阎）姬，南北朝时北魏随郡太守闫（阎）元明，唐朝著名画家（阎）闫立本……

法

【姓氏溯源】

一是出自妫姓。为战国时期齐襄王后裔所改，以祖名为氏。据《后汉书·法雄传》记载，齐襄王田法章之后，本田氏，齐灭于秦，子孙不敢称田，故以法为氏。二是出自回族中有法姓。据《中国回族大辞典》载，法姓，回族姓氏之一。主要分布在江浙地区。三是源于契丹族，出自辽国时期官吏法物库，属于以官职称谓为氏。在法物库使、法物库副使、法物库直长等的后裔子孙中，亦有以先祖官职称谓为姓氏者，汉化省称法氏，世代相传至今。

【历代名人】

春秋时，齐国君主齐襄王法章的后代法雄；东汉扶风郿县人，三国时官至尚书令、护军将军的法正；元末由武举任涿州守备的法若正；清朝前期的书画家法若真……

汝 鄢 涂 钦

汝（rǔ）

【姓氏溯源】

源于姬姓，出自东周平王幼子之封邑，属于以居邑名称为氏。周朝时，周平王将最小的儿子姬武封于淮河北岸主要支流之一的汝水流域，时人称之为"汝侯"。汝侯的后裔子孙，就以先祖封地名称或爵号为姓氏。

【历代名人】

春秋时期晋国上大夫汝叔齐，后汉和帝时的鲁相汝郁，南宋以开州刺史身份出使金国的汝为，明朝官吏、书法家汝讷，明朝官吏汝可起……

鄢（yān）

【姓氏溯源】

鄢姓源流单纯，一支出自妘姓，以国名为氏；一支得姓始祖求言。相传帝颛顼的后代求言，封在邻国，后因参加了周武王的灭商战役，被周武王重新封在鄢地，即今河南鄢陵。他重新建立了鄢国，后代便以国名为姓。一支源于秦灭燕国时期燕孝王幼侄乾公易姓鄢，始于晋阳汾河之滨。

【历代名人】

明朝正德年间的县官鄢高，明代翼城知县鄢桂枝，明代天启年间举人鄢鼎臣，明代嘉靖二十年进士、官至刑部右侍郎的鄢懋卿，明末福建永福人鄢正畿……

涂

【姓氏溯源】

源于涂山氏，出自夏朝大禹之妻涂山氏，属于复姓省文简化为氏。据史籍《姓氏族谱笺释》《风俗通》等记载，夏王朝时期有复姓涂山氏，其族人后省文去山字，称涂氏。

【历代名人】

宋代经学家涂溍生；明代大臣涂瑞；明朝正统年间，被称为"洪三公"的涂洪三；明代大臣，初任江阴知县的涂祯；明代大臣、史学家涂一榛；清代大臣涂天相；清代大臣，乾隆四年进士，授编修，官至工部侍郎的涂逢震……

钦(qīn)

【姓氏溯源】

源出有四：一是出自北方少数民族姓氏，以钦差御使尊称为氏；二是以地名为氏。隋朝时，曾将安州改为钦州，主要管理钦江而建，这里的居民就以地名为姓，称为钦氏；三是源于女真族，出自金国时期金太宗完颜·吴乞买的钦仁皇后，属于以先祖谥号汉化为氏；四是源于赐姓，出自南宋时期蒙古钦察汗国使臣钦高一，属于帝王赐改姓为氏。

【历代名人】

宋末元初名人，为都督计议官的钦德载；明朝著名官吏钦恭；清朝著名诗人，著有《吉堂诗文稿》的钦善；清朝著名官吏，著有《虚白斋文集》四卷、《幼畹游草》六卷、《吴中水利》一卷、《分建南汇县志》十六卷的钦琏……

段干 百里

段干（duàn gàn）

【姓氏溯源】

出自李姓，为春秋时道家鼻祖老子之孙李宗的后代，以封地名为氏。据《路史》载："殷干氏初邑段，以邑干，因邑为氏。"又据《史记》中记载，春秋时道家鼻祖老子之子李宗，曾任魏国大将，先后被封于"段""干"两地，其子孙遂以段干作为姓氏，称段干氏。

【历代名人】

魏国人，李宗的后代段干木；战国时期魏国大夫段干崇；战国时期齐国大夫、将领段干纶；战国时期秦国贤士段干越人……

百里

【姓氏溯源】

源于姜姓，百里奚，曾出游诸国。他曾至齐国，遭弃用，又至周王室，仍不为用。后入虞国，官为大夫，以佐虞侯，称其为"百里俣"，简称"百里奚"。百里俣逝世后，后世子孙敬先祖百里俣之德，就沿用他的出生地虞国百里乡为姓氏，称百里氏。

【历代名人】

春秋时期秦国大夫百里奚；春秋时期虞国人，百里奚的儿子，也是秦穆公的主要将领百里视；汉代徐州刺史，注意兴修水利，发展农桑的百里嵩……

东郭 南门

东郭

【姓氏溯源】

源出于姜姓,东郭为中国汉族复姓。中国古代称城市为城郭,内城外郭,所以城外为郭。东周列国时代,诸侯争霸,霸主齐桓公有子孙住在齐国都城临淄外城的东门一带,称为东郭大夫,后来便以东郭为姓。

【历代名人】

春秋时期齐国大臣东郭牙;战国时期魏国贤士东郭顺子;东汉时期道术家,通晓"房中术"的东郭延年……

南门

【姓氏溯源】

源于上古时期负责掌管、观测天文之官员的后代,是以南门星座名称为姓氏的,称南门氏,后多省文简改为单姓南氏、门氏,皆世代相传至今。另据史籍《姓氏考略》记载,古代看守城郭南门的官,或居住于南门附近的人亦以南门为氏。

【历代名人】

商代开朝君主商汤的七位得力辅佐大臣之一,南门姓的得姓始祖南门蠕……

呼延　归海

呼延（hū yán）

【姓氏溯源】

呼延姓出处有三种说法：一说出自匈奴族呼衍氏所改；一说出自鲜卑族姓氏之一；还有说出自赐姓，晋代鲜卑人稽胡楚，因有功被赐姓呼延，后代因此随之姓呼延。

【历代名人】

晋十六国时期汉国人，官拜宗正，前赵废帝刘和的母舅呼延攸；晋十六国时期前赵名臣呼延谟；宋代骁雄军使呼延赞；金朝将领呼延实；南宋韩世忠部下猛将呼延通……

归海

【姓氏溯源】

归海氏，本称妫海氏，来源于妫姓。妫姓一族显肇于虞舜执政时期，在尧帝将帝位传予舜帝以后，舜帝的后代便以尧帝封邑居住的地名作为姓氏，称妫姓。陈国的都城四周为一个巨大的湖泊，史称"龙海"，因此有陈国人以国姓指之，称"妫海"。春秋时，有陈国贵族称"妫海"为"归海"，其后有人以之为姓氏，称归海氏。

【历代名人】

归海氏复姓是一个古老的姓氏群体，后来多改为单姓归氏、海氏，复姓已经成为稀姓，历史上没有归海氏名人遗留后世。

羊舌 微生

羊舌(yáng shé)

【姓氏溯源】

羊舌姓，据古书《尚友录》和《元和姓纂》里说，羊舌姓起源于春秋时代的晋国，那时晋国有一位晋靖侯。晋靖侯本来是周文王、周武王的后代，而他的子孙中有一人被封于羊舌邑，于是后代就以封地为姓了。

【历代名人】

春秋时晋国人，羊舌氏的得姓始祖羊舌突，春秋时晋国贤者，被孔子称为"遗直"的羊舌肸；春秋时晋国中军尉羊舌赤；著名春秋时期晋国大夫羊舌虎……

微生

【姓氏溯源】

源于姬姓，出自春秋时期鲁国公族，属于以先祖名字为氏。据史籍《路史》记载："鲁公族有微生氏。"微生氏是周文王姬昌的后代，大多居住在鲁国。鲁国公族微生氏家族属于贵族，世居曲阜一带。另外，有些人并不是微生家族的嫡系后代，但因其出生在势力强盛的微生世家，所以引以为荣，多改姓为微生氏。

【历代名人】

春秋时期鲁国人，孔子弟子微生高；春秋时期品德高尚的鲁国的隐士微生亩……

| 百家姓

岳 帅 缑 亢

岳

【姓氏溯源】

源出于姜姓,汉族的岳氏是一个古老的姓氏。相传上古时代,尧帝时有诸侯"四岳"之职,又称太岳、岳伯,是炎帝神农氏的后人,四岳是一种非常庄严和重要的祭祀官,负责祭祀天下四方名山。岳氏就源于四岳之后。

【历代名人】

中国历史上著名战略家、军事家、民族英雄岳飞,元朝学者岳

浚，明朝大臣、书画家岳正，明朝大臣岳元声，明朝官吏岳虞峦，清朝书画家岳鸿庆、岳皋……

帅

【姓氏溯源】

帅姓出自师姓，始祖师昺。"帅"跟"师"字，两姓是不分彼此的一家，因为帅氏正是师氏分支出来的。根据《广韵》和《名贤氏族言行类稿》上记载，古代掌乐之官曰师，故以官为氏而姓了师氏。三国时期，有一位师昺在晋做官，为了要避晋景帝的名讳，就将自己的姓改少一横，变成了帅氏，开创了另一个姓氏家族。

【历代名人】

北魏石匠帅使念，北宋大臣帅宝，清代文学家帅仍祖，清代画家帅念祖，清代诗人帅家相，清代学者、著有《帅氏清芬集》的帅方蔚……

百家姓

缑（gōu）

【姓氏溯源】

源于职业，出自秦汉时期军工蒯缑，属于以职业称谓为氏。蒯缑，亦称缑工，是秦、汉朝时期的专职军工工匠，是制作剑、刀的工序之一。在上古时期以一种蒯草来缠绕剑把，以适手。其工匠即称蒯缑，或缑工。在蒯缑、缑工的后裔子孙中，有以职业称谓或官职称谓为姓氏者，称蒯缑氏、缑工氏，后皆省文简改为单姓缑氏、蒯氏等，世代相传至今。

【历代名人】

东汉末时著名孝女缑玉；唐代缑仙姑；明代宪宗成化年间辽东总兵官，又因功擢升南京右通政，颇有政声的缑谦……

亢（kàng）

【姓氏溯源】

一是源自地名。以封地为氏。山东省济宁市南，有个古代的军事要地叫亢父，据《战国策·齐策》记载，春秋时有个贵族受封于此，他的后代子孙便以封地名为氏，形成了亢姓。二是源于姬姓，出自先秦时期卫国大夫三伉之后，在古代，"亢""伉""抗""杭"四字通假，因此，三伉大夫的后裔子孙便以先祖名字为氏。

【历代名人】

春秋战国时期诸子百家之一亢仓子；元末明初人，状元，官至刺史的亢青；明英宗朱祁镇天顺年间举人，乙酉科官当涂知县的亢霖；明末清初时期河南宜阳张深人，县尹亢恒；清朝文人，著有《市隐书屋文集》的亢树滋……

况 郈 有 琴

况（kuàng）

【姓氏溯源】

况氏目前可考的最早文献记载是南朝宋何承天所撰《姓苑》，载："况，庐江有此姓。"南朝宋国的庐江郡大概位于今安徽省西南部。唐贞观初年，况氏十八世祖昌伯公封于洪州，自此况氏在江西繁衍开来。

【历代名人】

隋拜谏议大夫，唐贞观时封开国侯况昌伯；江西安义人，后唐官仆射况游；清代文学家、音韵学家，著有《红葵斋诗草附词》的况祥麟；清末著名词人况周颐……

郈（hòu）

【姓氏溯源】

后姓是指上古东邑部族首领太昊的孙子后照的后代；另外传说炎帝后代共工氏有子名叫句龙，在黄帝时担任后土，其后代就以官名的一字为姓，称为后氏；另外西周时鲁孝公的儿子公子巩的封邑郈，他的后代以邑名为氏，称为郈姓；后来省去右边的"阝"旁为后氏，称后姓。

【历代名人】

中国古代周族的始祖后稷；夏王朝东夷族有穷氏的首领后羿；春秋末期齐国人，为孔子七十二弟子之一的后处；战国末年任齐王建的宰相的后胜；清朝的两位画家后礼、后祺……

有 (yǒu)

【姓氏溯源】

源于有巢氏，出自上古复姓有巢氏，属于以居邑名称为氏。据史籍《路史》记载："有氏，古帝有巢氏之后。"上古时，中原地区野兽经常侵扰人类，传说有人发明了在树上建造木屋，可免遭野兽侵袭。大家视其为圣人，尊称其为有巢氏，并拥其为部落首领。在有巢氏的后裔子孙中，有人省文简改为单姓有氏、巢氏，皆世代相传至今。源于姬姓，出自春秋晚期孔子弟子冉求，属于以先祖名字为氏。冉求，字子有，孔子的得意门生，冉求的后裔子孙中，有以先祖之字为姓氏者，亦称有氏。

【历代名人】

春秋末期鲁国人，孔子的得意门生，为七十二贤人之一的有子；著名汉朝大臣有禄；明朝的大功臣有日兴……

琴

【姓氏溯源】

据史籍《姓氏考略》记载，"以所执之业为氏"。在典籍《说文》中记载，远古的神农氏创造了琴。在古籍《礼乐记》中也记载：舜帝创造了弦琴，琴长三尺多。操演琴的乐人，就被称作"琴师"，十分受人尊重。在琴师的后裔子孙中，多有以乐器名称或先祖职业官称为姓氏者，称琴氏，世代相传至今，是非常古早的姓氏之一。

【历代名人】

春秋末期卫国人，古代的琴师，也是孔子最早的门徒琴牢；战国时赵国人，能鼓琴，曾为宋康王的舍人的琴高；明代永乐年间在地方上当州官的琴彭……

梁丘 左丘

梁丘

【姓氏溯源】

源于姜姓，出自春秋时期齐国贵族大夫姜据的封地，属于以封邑名称为氏。据史籍《尚友录》记载，梁丘，为西周时期齐国的一个邑地名称，春秋时期，有一个上大夫姜据被封在梁丘，他在梁丘的南侧建有一城，称梁丘城，史称其为梁丘据。在梁丘据的后裔子孙们中，多以先祖封地名称为姓氏，称梁丘氏，当地住民也随之亦称梁丘氏。

【历代名人】

春秋时齐国大夫梁丘据，西汉大臣、今文易学"梁丘学"的开创者梁丘贺，西汉琅琊郡诸人、梁丘贺之子梁丘临……

左丘

【姓氏溯源】

左丘姓源流单一，出自春秋晚期鲁国史官左丘明之后，属于以居邑名称为氏。据史籍《元和姓纂》记载："齐国临淄县有左丘。"史籍《氏族博考》中也记载："左丘明居左丘，为左丘氏。"左丘，在西周时期是齐国的一个地名，春秋晚期，有一鲁国大夫名叫"明"，居于左丘，就以此地名为其姓氏，称左丘氏，史称其为左丘明。

【历代名人】

春秋时鲁国人，史学家，《春秋左氏传》的作者左丘明……

东门 西门

东门

【姓氏溯源】

出自姬姓,属于以祖号为氏。春秋时,鲁庄公儿子鲁宣公因其家住曲阜城东门边,人称之东门襄仲。他因"立庶"为君,遭到其他大家族反对。鲁宣公死后,其子公孙归父立刻被驱逐出鲁国,公孙归父逃往齐国后,公孙归父及其后代子孙遂以祖号"东门"为姓,称东门氏。

【历代名人】

东门氏的得姓始祖,春秋时鲁国大夫东门襄仲;东门襄仲之子,也是鲁国大夫东门归父;西汉经学家东门京;汉代经学家,曾将《公羊春秋》授给琅琊王的东门云……

西门

【姓氏溯源】

源于姬姓,出自春秋时期郑国大夫居住地,属于以居邑名称为氏。据史籍《通志·氏族略》记载:"郑大夫居西门,因氏焉。"春秋时期,郑国有个大夫居住在郑国都城的西门,他的后代子孙就以居地名称为姓氏。

【历代名人】

战国时期魏国官吏西门豹;汉代道士西门君惠;唐朝历任神策中尉、右迁神策军佐、右中护军、右监门将军、军容使的西门季玄……

商 牟 佘 佴

商

【姓氏溯源】

源于子姓,出自上古时期商王朝贵族后裔,属于以国名为氏。相传,在远古时期,因契辅佐大禹治水有功,被赐姓为"子",敕封在商邑,组成了商族部落,号为"商国"。契的第十四代孙建立了商王朝,其后裔王孙贵族开始以国名为姓氏,称商氏。

【历代名人】

周代数学家、中国第一本数学著作《周髀算经》的作者商高,春秋末年鲁国人、孔子七十二贤之一的商泽,元初大臣、著有《藏春集》六卷的商挺……

牟(mù)

【姓氏溯源】

源于姬姓,出自周朝给火神祝融之后的封地,属于以国名为氏。据史料记载:祝融为上古时期掌管火的官职,在西周初期,周武王将祝融之后封在牟,为那时期的小诸侯国,子爵,因称牟子国。其后便以国名为姓。

【历代名人】

东汉大臣牟融;宋代画家牟谷;南宋官吏、诗人牟及;元代将领牟全;明代官吏牟完、牟伦、牟俸、牟斌;清代考据家、数学家,著有《诗切》《带纵和数立方算草》的牟庭……

佘(shé)

【姓氏溯源】

源于地名，出自古代东海荼山，属于以居邑名称为氏。汉朝时期，东海滨岸地区有个地名叫荼山，居住在荼山周围的住民，原本为淮夷民族，西周时期与周王室相争失败后，东迁至荼山地区，后来就以山名为姓氏，称荼氏。到了汉朝时期以后，一部分人随余字演变为"佘"，遂称佘氏。

【历代名人】

唐朝太学博士佘钦，北宋名将、杨老令公杨继业之妻佘赛花，明朝隐士佘应龙，明朝大臣佘可材，明朝将领佘梅江，明朝官吏、诗人佘翔，明朝文学家佘翘……

佴(nài)

【姓氏溯源】

一是源于黄帝后裔商汤。至东汉光武帝有左相佴茂为佴氏始祖。得姓原因是：因为皇帝负责设计和制作爵冠，爵冠傍弼珥，大王就以此赐姓竖人旁于耳边以为佴氏。二是源于地名，出自唐朝时期洱海地区住民，属于以地名改字为氏。在唐朝时期，其地住民即以"洱海"之名为姓氏，后在改土归流运动中有改"洱"为"佴"者，称佴氏，世代相传至今。该支佴氏族人望出古滇郡（即今云南大理），至今还有二百来户人家。

【历代名人】

被佴氏后人奉为佴姓鼻祖的佴湛；明万历年间进士，官至御史、直隶巡按的佴祺；明代曾任广东都指挥的佴缙；清代曾任直隶知县的佴杰……

伯 赏 南宫

伯（bó）

【姓氏溯源】

源于嬴姓，出自夏王朝初年东夷族伯益，属于以先祖名为氏。伯益是黄帝的后裔，他曾辅佐大禹治水，立有大功。大禹得位后，曾想让位给伯益，伯益却推辞不受，后来，夏启担心伯益会夺取自己的王位，因此杀死了伯益。在伯益的后裔子孙中，有以祖名"伯"字为姓氏者，称伯氏。

【历代名人】

著名禹之大臣，伯氏鼻祖之一的伯益；著名商末周初"愚夫"之臣，伯氏鼻祖之一的伯夷；春秋时人，善鼓琴，琴曲有《水仙操》《高山流

水》的伯牙；春秋时人，善相马的伯乐；春秋时期的晋国大夫伯宗……

赏

【姓氏溯源】

一是源于姬姓，出自春秋时晋国大夫之后，因祖先受到奖赏而得姓，属于以纪念事件名称为氏。春秋时期，吴国有个大夫参加搏赛得胜而获赏，其后代为纪念祖先的荣耀，就以"赏"字为姓氏，称赏氏，世代相传至今。二是源于党项族，出自西夏国姓拓跋氏，属于汉化改姓为氏。据《万姓统谱》上记载，赏氏起源于西夏，赏氏就是西夏国的国姓之一，西夏灭亡之后，赏氏族人纷纷南下，散居中原各地。从此赏氏也成为汉族的一个姓氏。

【历代名人】

南朝时吴中人，曾在江东做幕僚的赏庆；三国时期的孙吴政权句章略长吏赏林……

南宫

【姓氏溯源】

源于姬姓，出自周文王四友之一南宫子，属于以先祖名字为氏。周文王手下有著名的"八士"，之一就为南宫括。所谓"文王四友之一南宫子"，依照史籍《史记·周本纪》的师古注，指的就是南宫括。据考证，南宫括是周朝文王四友之一的贤士，他是周文王父子兴周灭纣时的一位贤臣。其后代以南宫为姓氏，称南宫氏。

【历代名人】

西周著名贤者、重臣南宫适，又称南宫子；春秋时期鲁国人，孔子七十二弟子之一南宫适，又称南宫绦、南容；春秋时期宋国将领南宫长万，亦作南宫万；被萧邑大夫和宋都逃来的公子们联合击杀的南宫万的弟弟南宫牛……

墨哈谯笪

墨

【姓氏溯源】

出自姜姓,夏启建立夏王朝之后,敕封姜墨如的儿子姜胎初为孤竹国的国君,姜胎初就以父亲的名字为姓氏,称墨胎初,世代相传为墨胎氏,亦称墨台氏,其后有族人省文简改为单姓墨氏。

【历代名人】

东周战国时期思想家、政治家,墨家学派创始人墨翟;明朝初年

在朝廷任兵部侍郎，历官北平府通判、按察司副使的墨麟……

哈（hǎ）

【姓氏溯源】

源于其他少数民族，属于汉化改姓为氏。在鄂温克族、土家族、裕固族、土族、彝族、苗族、羌族、傣族、侗族、维吾尔族、柯尔克孜族、哈萨克族等少数民族中，均有哈氏族人分布，其来源大多是在元、明、清时期的改土归流运动中，流改为汉姓哈氏，世代相传至今。

【历代名人】

元代回族人，早期追随成吉思汗的哈散；元代康里人哈麻；元代回族官员兼诗人哈八石；元代泰定二年以将仕郎，回族国子监助教转任校书郎、按校书郎阶正八品的哈八失……

谯（qiáo）

【姓氏溯源】

一是出自上古周朝时期周天子的姬姓王室。谯姓的始祖，是周朝初年与周公旦同负贤名的周召公姬奭，他有一个儿子盛，被封于谯，盛于此建立了谯国，并自号为谯侯，其子孙就以国名为姓，称为谯氏。二是源于地名，出自远古时期谯明之山，属于以居邑名称为氏。谯明山在今山东省淄博市临淄区。谯明山是古代东夷民族的发源地之一，其时有古老的谯明氏族。后有省文简改为单姓谯氏、明氏等，世代相传至今。

【历代名人】

三国时期蜀国名士谯周；十六国时期后蜀国君谯纵；宋代学者，著有《易传》的谯定；清代孝子，尝作《家训十二条》的谯矜；以儒学著称，显明蜀朝的谯秀……

笪(dá)

【姓氏溯源】

源流一：笪姓源于西汉，改姓所得，笪氏主要居住在今江苏句容，安徽，江西等地；源流二：出自回族，由回族中的答姓更改而来，主要分布在湖北钟祥等地。

【历代名人】

宋朝进士，安徽建平人笪深；江苏句容人，进士出身，清顺治十二年七月考选湖广道监察御史，巡按江西，著有《书筏》《画筌》的笪重光……

年 爱 阳 佟

年

【姓氏溯源】

源于姜姓，出自春秋时期齐襄公之后，属于以先祖名字为氏。上古西周初期，周族军师太公姜尚助周武王姬发建立周王朝后，受封而建立了齐国，所以又称之为齐太公。传说，齐桓公为了辟邪，就以前朝贤臣、祖父姜夷仲年名字中的"年"字为后代的姓氏，称年氏，世代相传至今。

【历代名人】

明代安徽省怀远人，清廉刚正，始终不渝的一代名臣年富；清雍正皇帝敦肃皇贵妃，湖北巡抚年遐龄之女，雍正元年封贵妃的年妃；清代雍正心腹，后因功高权重，为雍正所猜忌的年羹尧……

爱

【姓氏溯源】

源于回鹘族，出自唐朝时期西域回鹘国国相爱邪勿的后代，属于帝王赐改姓为氏。唐武帝李炎时期，回鹘国国相爱邪勿来朝。为了表示对他们的宠爱，唐武帝赐以"爱"姓。他的后裔子孙都沿用唐皇赐姓，皆称爱氏。

【历代名人】

金朝将领，累功迁军中总领的爱申；元朝将领爱鲁；清代将领爱星阿、爱松古；清代大臣，历任内阁学士、翰林院侍读学士、大理寺少

阳

【姓氏溯源】

以国为姓，出自姬姓，源于东周，以国名为氏。据《姓考》载，周代有附庸方国、阳国，其地与齐国接壤。东周惠王时，阳国被齐国灭掉，齐人迁入其都，原阳国君主的子孙就以原国名命姓，遂成阳姓。

【历代名人】

春秋时期鲁国大夫季平子的家臣阳货；北魏无终人，博通群籍，征拜秘书著作郎的阳尼；阳尼之子，冀州默曹参军阳介；阳尼之从孙，历官宁远将军、领统军的阳藻；阳尼之从孙，官至太学博士，继承祖父遗志，撰《字统》二十卷的阳乘庆；阳尼重从孙，北周武帝年间官拜州刺史，著有《幽州人物志》的阳休之……

佟(tóng)

【姓氏溯源】

源于妫姓，出自夏王朝末期太史终古的后代，属于以先祖名字改义为氏。据史籍《路史》记载，夏王朝末期，汤王积极准备伐夏桀，原夏王朝的太史终古为人贤德，世人器重，汤王遂召其入商。终古归商汤之后，其后裔子孙以先祖名字为姓氏，称终古氏，后将"终"字去"丝"偏旁改为单姓"冬氏"，再后又加"人"偏旁改称佟氏，世代相传至今。

【历代名人】

明末开原人，归附后金，从军克沈阳、拔辽阳，叙功晋二等总兵官的佟养性；初名盛年，清代隶汉军镶黄旗，累进三等精奇尼哈番的佟图赖；清满洲人，康熙临贺知县佟世南……

第五 言 福

第五（dì wǔ）

【姓氏溯源】

第五姓为春秋战国时期的贵族姓氏，现在大多已经衍化成第姓或五（伍）姓。第五姓源于妫姓，可以追溯到舜帝，其后有妫、田、陈、姚、胡五姓，皆为同根同源，史称"妫汭五姓"。第五出自田姓，出自汉高祖刘邦强迁原战国时期齐国的田氏公族时封的编序，属于帝王赐姓改姓为氏。

【历代名人】

东汉大司空第五伦，东汉历官高密侯相、兖州刺史第五种，东汉中期京兆长陵人第五访，东汉刺史第五上，东汉学者第五元先，唐代同中书门下平章事第五琦，宋朝人、官至宰相的第五均……

言

【姓氏溯源】

出自春秋时言偃之后，以祖名为氏。春秋时期，孔子的得意弟子之一名言偃，字子游。言偃才华出众，曾任武城宰。提倡以礼乐教民，名声很大，他的后代就以其名字中的言字为姓，称为言氏。

【历代名人】

孔子弟子、七十二贤人之一言偃，明朝成化年间进士、任职户平知府的言茅，清朝末年人、任官"教谕"的言友恂……

第五 言福

福

【姓氏溯源】

福姓源出有三：一是出自春秋时期齐国大夫福子丹之后，以祖名为氏；二是出自唐代百济国福富顺氏所改。唐朝时朝鲜半岛上的百济国被新罗国所灭，百济国中有一支姓福富顺氏的，逃到中原，依照汉人习惯，把姓氏简化为福姓；三是出自明朝大臣张福时所改，其后世代相传姓福氏。张福时身居要职而两袖清风，世宗皇帝赞其曰："清不过福时。"因此他被称为福时，其后人为纪念这特殊的奖赏，就改姓为福，又形成了一支福氏。

【历代名人】

元初嵩山少林寺高僧，也是元代中兴少林寺最有名的方丈福裕；元朝人，官至江南台御史大夫的福寿；明顺天府东安人，嘉靖中历官漕运参将，晋挂印总兵，总漕务福时（即上文中所说的张福时）……

读后感

小时候，我们小朋友聚在一起，都喜欢炫耀自己姓氏中有哪些英雄、哪些名人！好像那些英雄和名人都像亲人一样，自己也跟着沾光！最近我读了《百家姓》，才知道自己或许就是那些同姓英雄或名人的后代呢！所以我感到非常自豪！

从《百家姓》里，看到了一个个血脉相连、传宗接代的厚重家族故事，让我深深感受到了每一个人都有值得崇拜的祖先，都有血浓于水的深厚血缘亲情。

我们中华民族的祖先崇拜文化中，关键就是血缘，不仅认为包括自己的生命以及所有的一切均来自祖先，而且认为每个人都是祖先系统中的一环，家族中的宗祠和祖先代表着个人与天命的关联，这种力量不仅超越了生命人世，甚至超越了天地万物。

我感觉，我们祖先崇拜的作用主要是纪念祖先的功绩，借用祖先崇拜来加强共同的血缘关系，巩固以血缘为基础的内部团结，以及明确人们之间的辈分关系。这种以血缘为纽带的身份认同，具有强大的凝聚力，早已内化为人们的情感密码了，"每逢佳节倍思亲"，成了我们所有中国人的情感共识。

祖先崇拜还具有道德的约束作用。我认为，对祖先的"敬"，不仅仅体现在祭祀仪式、民俗活动这些外在形式上，还要将"敬"内化为效仿先祖的精神动力和心理需求，要把祖先坚韧不拔的意志、战胜困难的勇气、开拓进取的精神等等，内化为个人的优良品质，表现为实际的行动。

中国姓氏文化源远流长，每一种姓都包含有独特的、丰富的文化内涵。它开枝散叶、生生不息，孕育出优秀的中华儿女。而且每一种姓都有其代表人物，没有贫富贵贱和高低之分。

因此，我深刻认识到，我们各个不同姓氏的同学，不管家里条件如何，学习成绩怎样，可都是名人之后呢！都是中华民族宝贵的一分子啊！所以，我们不能小看自己，要以那些历史上的杰出人物为榜样，不怕困难，努力学习，继承过去，创造未来，要对得起自己的姓氏，不给自己的祖先丢脸。

另外，读了《百家姓》，我也知道了我们每一个人"从哪里来的"的问题。我们每一个姓氏往上追溯，都能找到自己的作为神又作为人的祖先，这就是黄帝、炎帝、蚩尤，他们是我们中华民族共同的祖先。这就是中华民族源远流长、生生不息、薪火相传的体现之一，深刻展现了中华传统文化的深厚底蕴。

我们中国传统文化是中华民族最持久、最深层的力量，是全社会共同认可的核心价值观和世界观。而以姓氏文化为代表的中华优秀传统文化，已经成为我们中华民族的基因，植根在我们中国人内心，潜移默化地影响着我们中国人的思想方式和行为方式。因此，我们要热爱中华优秀文化，要为其传承与发展贡献自己的力量。

读了《百家姓》，我强烈感觉自己有了努力的方向，浑身充满了力量。我深刻感受到，我们这个国家、这个民族以致每个家庭，是与我们的历史、血脉、姓氏文化等传承紧密相连的。阅读光辉的历史，创造美好的未来，我希望自己将来在《百家姓》上也留下浓墨重彩的一笔。

知识互动大会

一、标出以下姓氏的正确读音

滕（téng）　殷（yīn）　邬（wū）　过（guō）　缪（miào）

鲍（bào）　查（zhā）　阚（hǎn）　华（huà）　濮（pú）

盖（gě）　区（ōu）　岑（cén）　湛（zhàn）　单（shàn）

裘（qiú）　樊（fán）　嵇（jī）　甄（zhēn）　蔺（lìn）

二、选择题

1. 《百家姓》中赵姓列为第一位的原因是（B）

　　A. 编写者姓赵　　　　　　B. 当时皇帝姓赵

　　C. 流行地区曾属于赵国　　D. 当时赵姓人数最多

2. 《百家姓》产生于哪个朝代（D）

　　A. 战国　　　B. 汉代　　　C. 唐朝　　　D. 宋朝

3. 《百家姓》中共收录了多少姓氏（B）

　　A. 326　　　B. 568　　　C. 623　　　D. 564

4. 《百家姓》中没有哪个姓（B）

　　A. 邬　　　B. 肖　　　C. 萧　　　D. 巫

5. 在《百家姓》中"窦"姓排第几位（A）

　　A. 39　　　B. 37　　　C. 46　　　D. 72

6. 下列哪一个是按地名起的姓氏（C）

　　A. 诸葛　　　B. 宇文　　　C. 东郭　　　D. 慕容

7. 下列哪一个是以职业或官职为姓氏（A）

　　A. 司马　　B. 西门　　C. 欧阳　　D. 左丘

8.《百家姓》采用（B）体例，对姓氏进行了排列，而且句句押韵，虽然它的内容没有文理，但对于中国姓氏文化的传承、中国文字的认识等方面都起了巨大作用，这也是能够流传千百年的一个重要因素。

　　A. 三言　　B. 四言　　C. 五言　　D. 七言

9.《百家姓》与（D）并称"三百千"，被称为中国古代幼儿的三大启蒙读物。

　　A.《三字经》《千家诗》　　B.《三国演义》《千字文》

　　C.《三十六计》《千家诗》　　D.《三字经》《千字文》

10. "赵钱孙李，周吴郑王。冯陈褚卫，蒋沈韩杨。"等，许多华人都对这些韵味悠扬的姓氏歌谣感到（D），即使一个（D2）的人也听说过百家姓。

　　A. 陌生　A2. 才高八斗　　B. 熟稔　B2. 学富五车

　　C. 亲切　C2. 胸无点墨　　D. 熟悉　D2. 目不识丁

三、问答题

1.《百家姓》包括中国所有姓氏了吗？

　　答：没有。

2. "万俟"的读音是？

　　答：mò qí。

3. 春秋时期因为声誉很高被称作"闻人"，他的支庶子孙有的便以"闻人"为姓，这个人是？

答：少正卯。

4. 因发明八卦，八卦又以东方为尊，其后代支庶子孙便以"东方"为姓，八卦的发明者是？

答：伏羲氏。

5. 中国古代有帝王给臣民赐姓氏的惯例，马三宝被赐的姓名是？

答：郑和。

6. 明代理学家吕坤说："初入社学八岁以下者，先读《三字经》以习见闻，读《百家姓》以便日用，读《千字文》以明义理。"其中，"日用"的意思是？

答：日常应用的知识。

7. 已知最早的印刷体《百家姓》版本出现在哪个朝代？

答：元朝。

8. 据历史文献的记载，中国早起出现的姓氏都是女字旁或部首，如姬姓、姚姓等，这种现象和哪个社会阶段有关系？

答：原始社会母系氏族制度时期。

9. 姓氏"宗政"的来源是？

答：官职。

10. 清朝后期一部较有影响的按《百家姓》体例新编的姓氏专著是？

答：《增广百家姓》。